U0797693

律师来了

LAWYER
IS
COMING

工伤纠纷律师答疑

（第二版）

温陈静　主编

①

Industrial injury disputes

法律出版社
LAW PRESS·CHINA
北京

图书在版编目（CIP）数据

律师来了．工伤纠纷律师答疑 / 温陈静主编．-- 2 版．-- 北京：法律出版社，2024
ISBN 978-7-5197-7957-3

Ⅰ．①律… Ⅱ．①温… Ⅲ．①工伤事故－民事纠纷－处理－中国－问题解答 Ⅳ．① D92-44

中国国家版本馆 CIP 数据核字（2023）第 091720 号

律师来了：工伤纠纷律师答疑（第二版）
LÜSHI LAILE：GONGSHANG JIUFEN LÜSHI DAYI（DI-ER BAN）

温陈静 主编

责任编辑 朱海波
装帧设计 李 瞻

出版发行 法律出版社
编辑统筹 法律应用出版分社
责任校对 张翼羽
责任印制 刘晓伟
经　　销 新华书店

开本 A5
印张 9　字数 240 千
版本 2024 年 3 月第 2 版
印次 2024 年 3 月第 1 次印刷
印刷 三河市龙大印装有限公司

地址：北京市丰台区莲花池西里 7 号（100073）
网址：www.lawpress.com.cn
投稿邮箱：info@lawpress.com.cn
举报盗版邮箱：jbwq@lawpress.com.cn

销售电话：010-83938349
客服电话：010-83938350
咨询电话：010-63939796
版权所有·侵权必究

书号：ISBN 978-7-5197-7957-3　定价：40.00 元
凡购买本社图书，如有印装错误，我社负责退换。电话：010-83938349

前言

工伤保险是国家或企业在劳动者因工作而负伤、致残、死亡时，给劳动者本人及其供养的直系亲属提供物质帮助的一种制度。实行工伤保险制度可以有效保障劳动者在医疗期间的生活，使劳动者在因工负伤、致残、死亡时能够得到一定的经济补偿。

工伤保险制度有利于保障受伤职工的合法权益，有利于妥善处理事故和恢复正常生产，维护社会安定。因此，我国建立了较为完善的工伤保险制度。但是现实生活中，用人单位不按规定为职工缴纳工伤保险、工伤保险认定困难、工伤保险待遇得不到有效保障等问题层出不穷，给本已受到伤害的劳动者又增添了新的困难。此外，随着社会实践的不断变化，工伤认定也出现了一些新问题、新情况，对于这些新问题、新情况是否能认定为工伤存在争论。为让广大劳动者更好地了解工伤法律知识，切实维护自身的合法权益，我们特意编写了本书，希望能给大家带来帮助。本书具有以下特色：

第一，实用性。本书所涉及的工伤法律问题，大多是律师在办案过程中遇到的法律问题。对于这些问题，本书由专业的律师进行答疑，再辅以相关的法律条文，帮助人们去认识和了解法律，以便运用法律武器解决自己遇到的各种难题，维护自身的合法权益。面对生活中发生的实际问题，大家可以有选择地对照运用，一定会有开卷有益、醍醐灌顶的感觉，因而本书非常具有实用性。

第二，便捷性。本书以工伤纠纷中最常见的问题做目录，采取一问一答的形式，对我们日常生活中的各类工伤纠纷中出现的“疑难杂症”对症下药。同时，本书还对各类问题按照科学的方式加以分类整理，使大家检索某一法律问题时能在最短的时间内完成，非常便于大家查找和阅读。

第三，通俗性。在我们编写本书的过程中，始终坚持这样一个初衷——用最通俗易懂的语言把每一个法律知识点都交代得清清楚楚、明明白白，让每一位读者都能从中受益。对于每一个知识点，我们都站在读者的立场上，从具体实在的生活案例出发，律师答疑时也尽可能地深入浅出，相信读者一定能看得懂。

希望大家读过此书后，对工伤方面的法律知识至少能有一个初步的了解，能够妥善地处理自己面对的法律问题，使自己的合法权利得到切实的维护。

温陈静

2024 年 2 月

目录

第一章 工伤保险参保缴费

第四章　工伤伤残鉴定

第五章　工伤待遇与赔偿纠纷

附录 相关法律法规

Chapter 1

第一章

工伤保险参保缴费

1. 建筑行业是否应该为农民工缴纳工伤保险?

法律咨询

农民工老张在某建筑工地上班。某次施工中,他从7米高的钢管架上坠落,造成身体多处骨折,花去大额医疗费用,但因为其所在建筑工地未为他缴纳工伤保险,老张无法享受工伤保险待遇。那么,建筑行业是否应该为农民工缴纳工伤保险呢?

律师答疑

2014年12月29日,人力资源和社会保障部、住房和城乡建设部、国家安全生产监督管理总局、全国总工会以人社部印发《关于进一步做好建筑业工伤保险工作的意见》(发〔2014〕103号)。该意见指出,建筑施工企业应依法参加工伤保险。针对建筑行业的特点,建筑施工企业对相对固定的职工,应按用人单位参加工伤保险;对不能按用人单位参保、建筑项目使用的建筑业职工特别是农民工,按项目参加工伤保险。房屋建筑和市政基础设施工程实行以建设项目为单位参加工伤保险的,可在各项社会保险中优先办理参加工伤保险手续。建设单位在办理施工许可手续时,应当提交建设项目工伤保险参保证明,作为保证工程安全施工的具体措施之一;安全施工措施未落实的项目,各地住房城乡建设主管部门不予核发施工许可证。

以上海市为例,2015年上海市出台了《关于进一步做好本市建筑业工伤保险工作若干意见的通知》,该通知规定,在本市行政区域内从事房屋建筑和市政基础设施工程的建筑施工企业及其从业人员均应参加本市工伤保险。其中,对不能按用人单位参保、建筑项目使用的建筑施工企业从业人员特别是农民工,按建设项目参加本市工伤保险。按项目参加本市工伤保险的，工伤保险费按建设工程施工合同载明的合同价的1‰确定，并根据以支定收、收支平衡的原则适时调整。

法律依据

《人力资源和社会保障部、住房和城乡建设部、国家安全生产监督管理总局、全国总工会关于进一步做好建筑业工伤保险工作的意见》

一、完善符合建筑业特点的工伤保险参保政策，大力扩展建筑企业工伤保险参保覆盖面。建筑施工企业应依法参加工伤保险。针对建筑行业的特点，建筑施工企业对相对固定的职工，应按用人单位参加工伤保险；对不能按用人单位参保、建筑项目使用的建筑业职工特别是农民工，按项目参加工伤保险。房屋建筑和市政基础设施工程实行以建设项目为单位参加工伤保险的，可在各项社会保险中优先办理参加工伤保险手续。建设单位在办理施工许可手续时，应当提交建设项目工伤保险参保证明，作为保证工程安全施工的具体措施之一；安全施工措施未落实的项目，各地住房城乡建设主管部门不予核发施工许可证。

2. 用人单位如何申请工伤保险登记？登记事项发生变更或者用人单位依法终止的怎么办？

法律咨询

陈某与朋友共同出资成立了一家有限公司，办理了工商登记并领取了营业执照,但是他听说还需要申请工伤保险登记。陈某有疑问:公司应当如何申请工伤保险登记呢?如果登记事项变更或者公司依法终止怎么办呢?

律师答疑

按照《社会保险法》第57条的规定,用人单位应当自成立之日起30日内凭营业执照、登记证书或者单位印章,向当地社会保险经办机构申请办理社会保险登记。社会保险经办机构应当自收到申请之日起15日内予以审核,发给社会保险登记证件。

用人单位的社会保险登记事项发生变更或者用人单位依法终止的,应当自变更或者终止之日起30日内,到社会保险经办机构办理变更或者注销社会保险登记。

法律依据

《中华人民共和国社会保险法》第五十七条

3. 单位未按时足额缴纳工伤保险费的,应当如何处理?

法律咨询

张某所在公司近期资金运营陷入困难,老板要求大家对减少公司开支献言献策,张某的同事李某建议暂时减少员工工伤保险费用的缴纳。张某心中有疑惑:单位不按时足额缴纳工伤保险费,会对公司产生什么后果?

律师答疑

《社会保险法》第63条规定，用人单位未按时足额缴纳社会保险费的，由社会保险费征收机构责令其限期缴纳或者补足。

用人单位逾期仍未缴纳或者补足社会保险费的，社会保险费征收机构可以向银行和其他金融机构查询其存款账户；并可以申请县级以上有关行政部门作出划拨社会保险费的决定，书面通知其开户银行或者其他金融机构划拨社会保险费。用人单位账户余额少于应当缴纳的社会保险费的，社会保险费征收机构可以要求该用人单位提供担保，签订延期缴费协议。

用人单位未足额缴纳社会保险费且未提供担保的，社会保险费征收机构可以申请人民法院扣押、查封、拍卖其价值相当于应当缴纳社会保险费的财产，以拍卖所得抵缴社会保险费。

法律依据

《中华人民共和国社会保险法》第六十三条、第八十六条
《工伤保险条例》第十条、第六十四条

4. 应参加工伤保险而未参加的用人单位按规定补缴后，如何支付工伤保险待遇费用？

法律咨询

廖某在某钢材厂上班。某日，廖某在工作时被钢材砸伤，钢材厂老板立即把廖某送到医院就医。钢材厂一直未给廖某缴纳社

保，直到事发后第四天，老板才给廖某补缴了社保。请问：在此种情况下，廖某可以获得怎样的工伤保险待遇？

律师答疑

《工伤保险条例》第62条规定，依照本条例规定应当参加工伤保险而未参加工伤保险的用人单位职工发生工伤的，由该用人单位按照本条例规定的工伤保险待遇项目和标准支付费用。用人单位参加工伤保险并补缴应当缴纳的工伤保险费、滞纳金后，由工伤保险基金和用人单位依照本条例的规定支付新发生的费用。

对于何为“新发生的费用”，《人力资源和社会保障部关于执行〈工伤保险条例〉若干问题的意见》（人社部发〔2013〕34号）第12条明确规定，“新发生的费用”是指用人单位职工参加工伤保险前发生工伤的，在参加工伤保险后新发生的费用。

据此，补缴工伤保险后发生的一次性工伤医疗补助金，应由工伤保险基金支付；一次性伤残补助金、一次性伤残就业补助金，均应由用人单位负责。补缴前发生的医疗费用则由用人单位承担。

法律依据

《工伤保险条例》第六十二条

《人力资源和社会保障部关于执行〈工伤保险条例〉若干问题的意见》十二

5. 劳务关系是否需要缴纳工伤保险？提供劳务一方发生伤亡的怎么办？

法律咨询

丁某于2016年在原单位退休后被某高校返聘为校园绿化维护人员。在某次工作中，丁某受伤住院，丁某的儿子提出学校应当向其父支付工伤赔偿金，而学校认为其与丁某之间只是劳务关系，不需要为丁某缴纳工伤保险，更不用说支付工伤赔偿了。丁某的儿子很生气：难道父亲在工作中受的伤得不到任何赔偿吗？

律师答疑

劳务关系不需要缴纳工伤保险。从《工伤保险条例》的规定可以看出，仅劳动关系适用工伤保险，劳务关系不适用工伤保险。在此，需要对劳动关系和劳务关系作一个区分。

《劳动法》中所称的劳动关系，应是指国家机关、企业、事业组织、社会团体、个体经济组织（统称用人单位）与劳动者之间，依照《劳动法》的规定，签订劳动合同，使劳动者成为用人单位的成员，接受用人单位的管理，从事用人单位指定的工作，并获取劳动报酬和劳动保护所产生的法律关系。

劳动关系还包括事实劳动关系，事实劳动关系是指用人单位与劳动者虽没有订立书面劳动合同，但双方实际履行了《劳动法》所规定的劳动权利义务而形成的劳动关系。事实劳动关系与劳动关系相比，欠缺的仅是订立书面劳动合同这一形式要件。用人单位的固定工、合同工、临时工与用人单位之间的关系，一般都符合上述特征，均属于劳动关系。

劳务关系，是指劳动者为被服务对象提供特定的劳动服务，被服务方依约支付报酬所产生的法律关系。其特点是双方为平等主体，提供的劳动内容具有特定性，双方按约定行使权利、承担义务，一般不存在从属关系。例如，家庭的钟点工，病人的临时护工，单位或个人因特定需要雇请的搬运工、装卸工、挖掘工、装修工等。

劳动关系与劳务关系最关键的区别主要体现在以下几个方面：

（1）劳动关系当事人之间的关系较为稳定，反映的是一种持续性的生产要素结合关系，而劳务关系当事人之间体现的是一种即时结清的关系。

（2）劳动关系的当事人之间存在从属关系，而劳务关系当事人之间不存在从属关系。劳动关系双方当事人有形成管理与被管理、支配与被支配的社会关系，而劳务关系中提供劳务的一方并不是需要方的成员，而是按照双方约定的劳动内容从事劳动。虽然劳务的需求方有督促劳务提供者按约定劳动的权利，但这应属于对劳务质量的验收，而不是管理行为。同样地，劳务提供者也有督促被服务对象按约付酬的权利。

（3）劳动关系中的主体一方必定是劳动者，另一方是用人单位；劳务关系的雇主不限于用人单位，也可能包括个人，雇工不限于劳动法意义上的劳动者，也包括超过法定退休年龄的人员等。

（4）劳动关系由劳动法调整，而劳务关系由民法调整。因此，如果劳务关系中提供劳务的一方发生伤亡，不能主张工伤保险待遇，但可以根据《民法典》的规定要求侵权方进行人身损害赔偿。

法律依据

《工伤保险条例》第二条

《中华人民共和国民法典》

第一千一百九十二条 个人之间形成劳务关系，提供劳务一方因劳务造成他人损害的，由接受劳务一方承担侵权责任。接受劳务一方承担侵权责任后，可以向有故意或者重大过失的提供劳务一方追偿。提供劳务一方因劳务受到损害的，根据双方各自的过错承担相应的责任。

提供劳务期间，因第三人的行为造成提供劳务一方损害的，提供劳务一方有权请求第三人承担侵权责任，也有权请求接受劳务一方给予补偿。接受劳务一方补偿后，可以向第三人追偿。

6. 超过法定退休年龄的进城务工农民伤亡的，应否适用《工伤保险条例》?

法律咨询

老李虽然早过了65周岁的生日，但为了补贴家用，春节一过就和同村的年轻人一起进城打工。后老李在某次工作时大腿受伤，他向有关领导申请工伤保险待遇，但是领导却说他已过法定退休年龄，不适用《工伤保险条例》中有关工伤认定的规定。请问：该领导的说法对吗?

律师答疑

该领导的说法不对。《最高人民法院行政审判庭关于超过法定退休年龄的进城务工农民因工伤亡的,应否适用〈工伤保险条例〉请示的答复》明确规定,用人单位聘用的超过法定退休年龄的务工农民,在工作时间内、因工作原因伤亡的,应当适用《工伤保险条例》的有关规定进行工伤认定。

另外,根据2016年3月28日出台的《人力资源社会保障部关于执行〈工伤保险条例〉若干问题的意见(二)》第2条的规定,用人单位招用超过法定退休年龄人员,在用工期间因工作原因受到事故伤害或患职业病的,如招用单位已按项目参保等方式为其缴纳工伤保险费的,应适用《工伤保险条例》。

法律依据

《最高人民法院行政审判庭关于超过法定退休年龄的进城务工农民因工伤亡的,应否适用〈工伤保险条例〉请示的答复》

……用人单位聘用的超过法定退休年龄的务工农民,在工作时间内、因工作原因伤亡的,应当适用《工伤保险条例》的有关规定进行工伤认定。

……

《人力资源社会保障部关于执行〈工伤保险条例〉若干问题的意见(二)》二

7. 职工工伤维权流程是什么?

法律咨询

小杨初中毕业后就进入一家钢材厂上班。2017年8月,小杨在厂工作时,大腿遭钢柱碾压住院,花去大量的医疗费用。后小杨听朋友说他这种情况可以申请职工工伤维权,于是小杨想问:职工工伤维权的一般流程是什么?

律师答疑

职工工伤后,不仅会遭受身体上的伤害,有时还会因为不及时的维权而丧失获得赔偿的权利。所以,受伤职工应该及时的维权,工伤维权流程主要是以下几点:

(1)证明与用人单位之间存在劳动关系

受伤职工应当对是否与用人单位之间存在劳动关系负举证责任,如果签订了劳动合同,合同即是双方存在劳动关系的书面证据。农民工或临时雇佣工在工作中受到伤害时,用人单位往往以未签订劳动合同为由,拒绝承担责任。此时,劳动者可以通过提交以下材料证明双方之间存在事实劳动关系:工资支付凭证或记录,缴纳各项社会保险费的记录,工作证等能够证明身份的证件,用人单位招用记录,考勤记录,其他劳动者的证言等。双方之间存在事实劳动关系的,用人单位也要为职工的工伤负责。

用人单位与职工就是否存在劳动关系发生争议的,劳动者可以向劳动争议仲裁委员会提起仲裁,请求劳动争议仲裁委员会确认存在劳动关系。

(2)申请工伤认定

职工发生事故伤害的,所在单位应当自事故伤害发生之日起30日内向统筹地区社会保险行政部门提出工伤认定申请。用人单位拒绝为工伤职工申请工伤认定的,工伤职工或其近亲属、工会组织可以直接向统筹地区社会保险行政部门提出工伤认定申请,但必须在事故伤害发生之日起1年内提出。工伤职工或其近亲属认为是工伤,用人单位不认为是工伤的,由用人单位负举证责任。

申请工伤认定的职工或其亲属对不认定为工伤的结论不服的,可以申请行政复议,也可以提起行政诉讼。

(3)申请劳动能力鉴定

职工发生工伤,经治疗伤情相对稳定后存在残疾、影响劳动能力的,用人单位应当向劳动能力鉴定委员会申请劳动能力鉴定。

工伤认定作出且职工所受伤害被认定为工伤后,工伤职工或其亲属才可直接向劳动能力鉴定委员会申请劳动能力鉴定。工伤职工对劳动能力鉴定结论不服的(认为劳动能力伤残等级过低),可向省级劳动能力鉴定委员会提出再次鉴定申请,但必须在收到初次劳动能力鉴定结论之日起15日内提出。

(4)落实工伤待遇

用人单位为职工办理了工伤保险的,工伤保险的各项待遇和费用由工伤保险机构核定并支付。①用人单位没有为劳动者办理工伤保险,不能免除其责任。应当参加工伤保险而未参加工伤保险的用人单位的职工发生工伤的,由用人单位按《工伤保险条例》规定的工伤保险待遇项目和标准支付费用。②受伤职工对用人单位落实工伤待遇有异议(包括用人单位拒绝支付各项费用),受伤职工可申请劳动仲裁,由劳动争议仲裁委员会裁决用人单位支付各项费用,对裁决结果不服的,可以向人民法院起诉。

法律依据

《劳动和社会保障部关于确立劳动关系有关事项的通知》

二、用人单位未与劳动者签订劳动合同，认定双方存在劳动关系时可参照下列凭证：

（一）工资支付凭证或记录（职工工资发放花名册）、缴纳各项社会保险费的记录；

（二）用人单位向劳动者发放的"工作证"、"服务证"等能够证明身份的证件；

（三）劳动者填写的用人单位招工招聘"登记表"、"报名表"等招用记录；

（四）考勤记录；

（五）其他劳动者的证言等。

其中，（一）、（三）、（四）项的有关凭证由用人单位负举证责任。

《工伤保险条例》第十七条、第十九条、第二十一条、第二十六条、第五十四条、第五十五条、第六十二条

8. 没有书面合同时，如何举证证明事实劳动关系的存在？

法律咨询

李某一直在某公司做油漆工，但是双方没有签订任何劳动合同或其他书面协议。在一次工作中，李某不慎摔伤致右手骨折。李某欲让公司对其进行工伤赔偿，但公司以双方之间不存在劳动关系为由拒绝。为此，李某很焦虑：没有书面合同，该如何证明他与公司之间的事实劳动关系呢？

律师答疑

要证明事实劳动关系，应当注意以下几种情形：（1）对于用人单位故意拖延不订立劳动合同，以及劳动合同期满后，劳动者仍在原用人单位工作，原用人单位未拒绝的，即形成事实劳动关系。（2）对于确失书面劳动合同的工伤认定申请，社会保险行政部门经常会与劳动争议仲裁机构或人民法院之间相互推诿，将劳动关系的确定推给劳动仲裁、人民法院解决。对于社会保险部门单方面对劳动关系的质疑，劳动者应当坚决拒绝。（3）劳动保障行政部门对用人单位与劳动者订立劳动合同的情况，具有监察职责。（4）发生生产安全事故，用人单位应当立即向安全生产监督管理部门报告，安全生产监督管理部门组织事故调查组，就事故发生单位、发生经过、伤亡人员等出具的事故调查报告也是证明劳动关系的有力证据。

用人单位未与劳动者签订劳动合同，认定双方存在劳动关系时可参照下列凭证：（1）工资支付凭证或记录（职工工资发放花名册）、缴纳各项社会保险费的记录；（2）用人单位向劳动者发放的工作证、服务证等能够证明身份的证件；（3）劳动者填写的用人单位招工招聘登记表、报名表等招用记录；（4）考勤记录；（5）其他劳动者的证言等。

法律依据

《劳动和社会保障部关于确立劳动关系有关事项的通知》

一、用人单位招用劳动者未订立书面劳动合同，但同时具备下列情形的，劳动关系成立。

（一）用人单位和劳动者符合法律、法规规定的主体资格；

（二）用人单位依法制定的各项劳动规章制度适用于劳动者，劳动者受用人单位的劳动管理，从事用人单位安排的有报酬的劳动；

（三）劳动者提供的劳动是用人单位业务的组成部分。

二、用人单位未与劳动者签订劳动合同，认定双方存在劳动关系时可参照下列凭证：

（一）工资支付凭证或记录（职工工资发放花名册）、缴纳各项社会保险费的记录；

（二）用人单位向劳动者发放的“工作证”、“服务证”等能够证明身份的证件；

（三）劳动者填写的用人单位招工招聘“登记表”、“报名表”等招用记录；

（四）考勤记录；

（五）其他劳动者的证言等。

其中，（一）、（三）、（四）项的有关凭证由用人单位负举证责任。

Chapter 2

第二章

工伤认定

9. 在工作单位发生的伤害都能算工伤吗？

法律咨询

李某任职于一家电子加工厂。一天中午，李某因为工作交接与另一名员工王某发生争执，在争吵中王某推倒了李某，李某被医院诊断为右手手腕骨折。李某出院后，请求公司申请工伤认定，但公司认为该行为和其工作职责没有关系，拒绝申请工伤认定。对此，李某感到十分困惑，自己所受的伤害发生在工作单位，为什么就不算工伤？

律师答疑

在工作单位发生的伤害，应该按照《工伤保险条例》的规定来具体分析，不是所有的伤害都可以算工伤。工伤应当符合该条例规定的范围。

按照《工伤保险条例》的规定，在工作时间和工作场所内，由于工作的原因而发生的事故伤害属于工伤的范围。因此，不能把所有在工作单位发生的伤害都算工伤。比如，在工作单位打架斗殴引起的伤害就不属于工伤。

法律依据

《工伤保险条例》第十四条

10. 发生工伤事故后，哪些人有权申请工伤认定？

法律咨询

张某是某私企的司机。某天，张某接到领导的通知外出办事，在返程途中与一辆迎面而来的货车发生碰撞导致受伤。事故发生后张某被紧急送医，经医院诊断张某左腿发生粉碎性骨折。此后，该公司迟迟没有为张某申请工伤认定。那么，究竟哪些人有权为伤者申请工伤认定？

律师答疑

有权申请工伤认定的主体既包括用人单位，也包括工伤职工或者其近亲属以及工会组织。根据《工伤保险条例》的规定，职工发生事故伤害或者按照《职业病防治法》规定被诊断、鉴定为职业病，所在单位应当自事故伤害发生之日或者被诊断、鉴定为职业病之日起30日内，向统筹地区社会保险行政部门提出工伤认定申请。遇有特殊情况，经报社会保险行政部门同意，申请时限可以适当延长。

用人单位未按规定提出工伤认定申请的，工伤职工或者其直系亲属、工会组织在事故伤害发生之日或者被诊断、鉴定为职业病之日起1年内，可以直接向用人单位所在地统筹地区社会保险行政部门提出工伤认定申请。

此外，根据《劳动和社会保障部关于实施〈工伤保险条例〉若干问题的意见》的规定，有权申请工伤认定的“工会组织”包括职工所在用人单位的工会组织，以及符合《工会法》规定的各级工会组织。

法律依据

《工伤保险条例》第十七条

《劳动和社会保障部关于实施〈工伤保险条例〉若干问题的意见》四

11. 企业或者职工如何向社会保险行政部门申报工伤？

法律咨询

李某是某电力公司的职工，在一次高空作业中不慎摔下，造成盆骨骨折。事故发生后，公司迟迟没有向社会保险行政部门申请工伤认定。迫于无奈，李某准备自己直接提请工伤认定，但是由于缺乏相关法律常识不知如何进行申请。那么，企业或者职工应当如何向社会保险行政部门申报工伤？

律师答疑

如果企业不同意为职工申请工伤认定，那么在事故伤害发生之日起 30 日后，即由企业申请的期限过后，职工可以在事故伤害发生之日起 1 年内，向企业所在地统筹地区社会保险行政部门提出工伤认定申请。如果 1 年后再提出申请，社会保险行政部门将不再受理。

根据《工伤保险条例》第 17 条的规定，用人单位应当自伤害发生之日或者被诊断、鉴定为职业病之日起 30 日内，向统筹地区社会保险行政部门提出工伤认定申请。遇有特殊情况，经报社会保险行政部门同意，申请时限可以适当延长。用人单位未按前款规定提出工伤认定申请的，工伤职工或者其近亲属、工会组织在事故伤害发生之日或者被诊断、鉴定为职业病之日起1年内，可以直接向用人单位所在地统筹地区社会保险行政部门提出工伤认定申请。按照该条第1款规定应当由省级社会保险行政部门进行工伤认定的事项，根据属地原则由用人单位所在地的设区的市级社会保险行政部门办理。用人单位未在该条第1款规定的时限内提交工伤认定申请，在此期间发生符合该条例规定的工伤待遇等有关费用由该用人单位负担。

另外，提出工伤认定申请应当提交下列材料：(1)工伤认定申请表；(2)与用人单位存在劳动关系(包括事实劳动关系)的证明材料；(3)医疗诊断证明或者职业病诊断证明书(或者职业病诊断鉴定书)。工伤认定申请表应当包括事故发生的时间、地点、原因以及职工伤害程度等基本情况。工伤认定申请人提供材料不完整的，社会保险行政部门应当一次性书面告知工伤认定申请人需要补正的全部材料。申请人按照书面告知要求补正材料后，社会保险行政部门应当受理。

法律依据

《工伤保险条例》第十七条、第十八条

12. 异地施工受伤的，应当在哪里认定工伤？

法律咨询

老储是A某建筑公司职工。2016年9月4日，他在公司承建的B项目施工过程中不慎受伤。次年4月，老储向A人力资源和社会保障局提出工伤认定申请，A人力资源和社会保障局以该公司未依法为老储在单位注册地办理工伤保险手续，事故发生地与建筑公司注册地不在同一统筹地区为由，不予受理。我们不禁要问：异地施工受伤的，应当在哪里认定工伤？

律师答疑

异地施工受伤的，应当在生产经营地对工伤进行认定。

《工伤保险条例》规定，用人单位未按规定提出工伤认定申请的，工伤职工在事故伤害发生之日或者被诊断、鉴定为职业病之日起1年内，可以直接向用人单位所在地统筹地区社会保险行政部门提出工伤认定申请。该条例对统筹地区是注册地还是生产经营地未作明确规定。

但是，在2016年3月28日出台的《人力资源社会保障部关于执行〈工伤保险条例〉若干问题的意见（二）》中第7条明确规定，用人单位注册地与生产经营地不在同一统筹地区的，原则上应在注册地为职工参加工伤保险；职工未在注册地参加的，用人单位可在生产经营地为其参加工伤保险。职工在受到事故伤害后，应在参保地进行工伤认定；未参加工伤保险的职工，应在生产经营地进行工伤认定。

此外，《工伤保险条例》第11条规定，对于流动性较大的行业，可以采取相对集中的方式参加异地统筹地区工伤保险，具体办法由国务院社会保险行政部门会同有关行业的主管部门制定。

《劳动和社会保障部关于农民工参加工伤保险有关问题的通知》第3条规定，用人单位注册地和生产经营地不在同一统筹地区，且在注册地和生产经营地均未参加工伤保险的，农民工在受到事故伤害后，在生产经营地进行工伤认定，并按生产经营地的规定依法由用人单位支付工伤保险待遇。

法律依据

《工伤保险条例》第十七条

《人力资源社会保障部关于执行〈工伤保险条例〉若干问题的意见（二）》七

《劳动和社会保障部关于农民工参加工伤保险有关问题的通知》

三、用人单位注册地与生产经营地不在同一统筹地区的，原则上在注册地参加工伤保险。未在注册地参加工伤保险的，在生产经营地参加工伤保险。农民工受到事故伤害或患职业病后，在参保地进行工伤认定、劳动能力鉴定，并按参保地的规定依法享受工伤保险待遇。用人单位在注册地和生产经营地均未参加工伤保险的，农民工受到事故伤害或者患职业病后，在生产经营地进行工伤认定、劳动能力鉴定，并按生产经营地的规定依法由用人单位支付工伤保险待遇。

13. 未经劳动部门认定为工伤的，职工能按照工伤直接要求赔偿吗？

法律咨询

王某是一名机械加工厂的工人，在车间作业时被电焊工具误伤，造成左手无名指断掉，后虽经医院及时抢救仍留下了严重的后遗症。事后，该工厂没有为王某申请工伤认定，王某在未经社会保险部门认定为工伤的情况下，以工伤为由直接向该工厂请求赔偿。那么，对于此类未经劳动部门认定为工伤的情形，职工能按照工伤直接要求赔偿吗？

律师答疑

职工未经劳动部门认定为工伤的，不能按照工伤直接要求赔偿。依据《工伤保险条例》的规定，事故伤害发生之后，职工应该做工伤认定，然后由工伤保险基金赔偿；如果因用人单位原因不能认定工伤，则应由用人单位赔偿。未经工伤认定的，职工不能直接起诉要求工伤赔偿，但此时可以按照一般的人身损害赔偿处理。因此，工伤认定是工伤赔偿不可或缺的必要前提条件。如果用人单位未按规定提出工伤认定申请的，工伤职工或其近亲属、工会组织可在事故伤害发生之日起 1 年内，直接向用人单位所在地统筹地区社会保险行政部门提出工伤认定申请。

法律依据

《工伤保险条例》第十七条

14. 申请工伤认定有无时间限制？

法律咨询

陈某是某机械加工厂的一名员工。2016 年 5 月 1 日，陈某在作业过程中不慎被机器误伤，左手无名指当场断掉。事故发生后，该机械加工厂迟迟没有为陈某申请工伤认定。无奈之下，陈某于2017年8月9日向社会保险行政部门提出工伤认定，却被告知已经过了申请工伤认定的时间。陈某对此十分不解。那么，申请工伤认定有无时间限制？

律师答疑

申请工伤认定是有时间限制的。职工在劳动过程中发生伤害事故后，应当在法定时间内进行工伤认定，以维护自己的权益。

《工伤保险条例》第17条规定，职工发生事故伤害或者按照《职业病防治法》规定被诊断、鉴定为职业病，所在单位应当自事故伤害发生之日或者被诊断、鉴定为职业病之日起30日内，向统筹地区社会保险行政部门提出工伤认定申请。遇有特殊情况，经报社会保险行政部门同意，申请时限可以适当延长。用人单位未按规定提出工伤认定申请的，工伤职工或者其近亲属、工会组织在事故伤害发生之日或者被诊断、鉴定为职业病之日起1年内，可以直接向用人单位所在地统筹地区社会保险行政部门提出工伤认定申请。用人单位未在规定的时限内提交工伤认定申请，在此期间发生符合本条例规定的工伤待遇等有关费用由该用人单位负担。所以，申请工伤认定的最长时限为1年。

但是，因某些原因延误申请工伤认定的，可不计算在时限内。2016年3月28日出台的《人力资源社会保障部关于执行〈工伤保险条例〉若干问题的意见（二）》第8条对此作了规定，具体包括以下几个方面：一是受不可抗力影响的；二是职工由于被国家机关依法采取强制措施等人身自由受限制不能申请工伤认定的；三是申请人提交了工伤认定申请，但因社会保险机构未登记或者材料遗失等造成超时限的；四是当事人就确认劳动关系申请劳动仲裁或提起民事诉讼的；五是其他情形。

法律依据

《工伤保险条例》第十七条

《工伤认定办法》第四条、第五条

《人力资源社会保障部关于执行〈工伤保险条例〉若干问题的意见（二）》八

15. 申请工伤认定应当准备哪些材料？

法律咨询

小刘是一家快递公司的快递员，在送快递的途中发生车祸，后经医院诊断为左腿粉碎性骨折。事故发生后，该快递公司承担了小刘住院期间的医疗费用，并积极为小刘申请工伤认定。不久后，小刘的工伤认定申请便通过了。那么，申请工伤认定应当准备哪些材料？

律师答疑

根据《工伤保险条例》第 18 条的规定，提出工伤认定申请应当提交下列材料：(1)工伤认定申请表；(2)与用人单位存在劳动关系（包括事实劳动关系）的证明材料；(3)医疗诊断证明或者职业病诊断证明书（或者职业病诊断鉴定书）。工伤认定申请表应当包括事故发生的时间、地点、原因以及职工伤害程度等基本情况。工伤认定申请人提供材料不完整的，社会保险行政部门应当一次性书面告知工伤认定申请人需要补正的全部材料。申请人按照书面告知要求补正材料后，社会保险行政部门应当受理。

此外，《劳动和社会保障部关于实施〈工伤保险条例〉若干问题的意见》第 5 条规定，用人单位未按规定为职工提出工伤认定申请，受到事故伤害或者患职业病的职工或者其直系亲属、工会组织提出工伤认定申请，职工所在单位是否同意（签字、盖章），不是必经程序。

法律依据

《工伤保险条例》第十八条

《工伤认定办法》第六条、第八条、第十二条

《劳动和社会保障部关于实施〈工伤保险条例〉若干问题的意见》五

16. 职工在工作期间因工受伤，并有医院的检查证明，如果当时没有申报工伤，事后还可以补办吗？

法律咨询

李某是一家汽车修理厂的职工，某天上午在焊接配件受伤，后经医院诊断为左手粉碎性骨折。当时该工厂没有为其申请工伤认

定，李某自己也没有申请认定，但住院时的诊断证明、住院手续等材料均有留存。事故发生2年后，李某才想起此事。试问：职工在工作期间因工受伤并有医院的检查证明，如果当时没有申报工伤，事后还可以补办吗？

律师答疑

劳动者发生因工负伤的情形或被诊断、鉴定为职业病的，应及时地去申报工伤，超过时间的一般不能再补办。

《工伤保险条例》第17条规定，职工发生事故伤害或者按照职业病防治法规定被诊断、鉴定为职业病，所在单位应当自事故伤害发生之日或者被诊断、鉴定为职业病之日起30日内，向统筹地区社会保险行政部门提出工伤认定申请。遇有特殊情况，经报社会保险行政部门同意，申请时限可以适当延长。用人单位未按规定提出工伤认定申请的，工伤职工或者其近亲属、工会组织在事故伤害发生之日或者被诊断、鉴定为职业病之日起1年内，可以直接向用人单位所在地统筹地区社会保险行政部门提出工伤认定申请。按照该条第1款规定应当由省级社会保险行政部门进行工伤认定的事项，根据属地原则由用人单位所在地的设区的市级社会保险行政部门办理。用人单位未在该条第1款规定的时限内提交工伤认定申请，在此期间发生符合《工伤保险条例》规定的工伤待遇等有关费用由该用人单位负担。

同时，有关劳动法律规定，当事人需要首先确认劳动关系并申请劳动仲裁的，提出仲裁要求的一方应当自当事人知道或者应当知道其权利被侵害之日起1年内向劳动争议仲裁委员会提出书面申请。仲裁裁决一般应在收到仲裁申请的45日内作出。对仲裁裁决无异议的，当事人必须履行。

法律依据

《工伤保险条例》第十七条

《中华人民共和国劳动争议调解仲裁法》

第二十七条　劳动争议申请仲裁的时效期间为一年。仲裁时效期间从当事人知道或者应当知道其权利被侵害之日起计算。

前款规定的仲裁时效，因当事人一方向对方当事人主张权利，或者向有关部门请求权利救济，或者对方当事人同意履行义务而中断。从中断时起，仲裁时效期间重新计算。

因不可抗力或者有其他正当理由，当事人不能在本条第一款规定的仲裁时效期间申请仲裁的，仲裁时效中止。从中止时效的原因消除之日起，仲裁时效期间继续计算。

劳动关系存续期间因拖欠劳动报酬发生争议的，劳动者申请仲裁不受本条第一款规定的仲裁时效期间的限制；但是，劳动关系终止的，应当自劳动关系终止之日起一年内提出。

第四十三条　仲裁庭裁决劳动争议案件，应当自劳动争议仲裁委员会受理仲裁申请之日起四十五日内结束。案情复杂需要延期的，经劳动争议仲裁委员会主任批准，可以延期并书面通知当事人，但是延长期限不得超过十五日。逾期未作出仲裁裁决的，当事人可以就该劳动争议事项向人民法院提起诉讼。

仲裁庭裁决劳动争议案件时，其中一部分事实已经清楚，可以就该部分先行裁决。

17. 认定工伤的时效已过时,职工还有其他索赔途径吗?

法律咨询

孙某任职于一家建筑公司。2014 年 6 月 3 日,孙某在一次室外作业时不慎从高空坠落,经医生诊断为高位截瘫。2016 年 1 月 4 日,孙某准备申请工伤认定,却被告知已过认定工伤的时效。试问,认定工伤时效已过的情况下,职工还有其他索赔途径吗?

律师答疑

认定工伤时效已过时,职工可以通过其他途径索赔。

根据《工伤保险条例》第 17 条第 1 款和第 2 款的规定,职工发生事故伤害或者按照职业病防治法规定被诊断、鉴定为职业病,所在单位应当自事故伤害发生之日或者被诊断、鉴定为职业病之日起 30 日内,向统筹地区社会保险行政部门提出工伤认定申请。遇有特殊情况,经报社会保险行政部门同意,申请时限可以适当延长。用人单位未按规定提出工伤认定申请的,工伤职工或者其近亲属、工会组织在事故伤害发生之日或者被诊断、鉴定为职业病之日起 1 年内,可以直接向用人单位所在地统筹地区社会保险行政部门提出工伤认定申请。所以,职工发生事故伤害或者被诊断、鉴定为职业病的,应当及时地去申请工伤认定。如果职工超过了最长的 1 年申请时限,再去申请工伤认定,社会保险行政部门往往不予受理,职工也无法享受工伤保险待遇。

但是,《最高人民法院关于审理人身损害赔偿案件适用法律若干问题的解释》《民法典》还规定了被侵权人的其他维权途径。例如,《民法典》第 188 条规定:“向人民法院请求保护民事权利的诉讼时效期间为三年。法律另有规定的,依照其规定。诉讼时效期间自权利人知道或者应当知道权利受到损害以及义务人之日起计算。法律另有规定的,依照其规定。但是,自权利受到损害之日起超过二十年的,人民法院不予保护,有特殊情况的,人民法院可以根据权利人的申请决定延长。”因此,因工负伤职工或被诊断、鉴定为职业病的职工在超过了申请工伤认定时限的情况下,还可以通过其他的途径来维护权利,要求侵权方进行人身损害赔偿。

法律依据

《工伤保险条例》第十七条

《最高人民法院关于审理人身损害赔偿案件适用法律若干问题的解释》

第一条　因生命、身体、健康遭受侵害,赔偿权利人起诉请求赔偿义务人赔偿物质损害和精神损害的,人民法院应予受理。

本条所称“赔偿权利人”,是指因侵权行为或者其他致害原因直接遭受人身损害的受害人以及死亡受害人的近亲属。

本条所称“赔偿义务人”,是指因自己或者他人的侵权行为以及其他致害原因依法应当承担民事责任的自然人、法人或者非法人组织。

《中华人民共和国民法典》

第一百八十八条　向人民法院请求保护民事权利的诉讼

时效期间为三年。法律另有规定的，依照其规定。

诉讼时效期间自权利人知道或者应当知道权利受到损害以及义务人之日起计算。法律另有规定的，依照其规定。但是，自权利受到损害之日起超过二十年的，人民法院不予保护，有特殊情况的，人民法院可以根据权利人的申请决定延长。

18. 离开单位以后，在街道存档的人员发现自己患有职业病的，是否可以申请工伤认定？

法律咨询

老郑原是一家大型采石场的工人，在采石场工作了十几年后，老郑决定离职自己干个体工商户，并将档案存放在自己所在的街道。好景不长，在半年后的一次体检中，老郑被确诊患上了尘肺病，致病原因是在采石场吸入了大量的粉尘。对此我们不禁要问，离开单位以后，在街道存档或者个人存档的人员发现自己患有职业病，是否可以申请工伤认定？

律师答疑

离开单位以后，在街道存档或者个人存档的人员发现自己患有职业病的，可以申请工伤认定。《工伤保险条例》规定，职工发生事故伤害或者按照职业病防治法规定被诊断、鉴定为职业病，所在单位应当自事故伤害发生之日或者被诊断、鉴定为职业病之日起30日内，向统筹地区社会保险行政部门提出工伤认定申请。遇有特殊情况，经报社会保险行政部门同意，申请时限可以适当延长。用人单位未按规定提出工伤认定申请的，工伤职工或者其近亲属、工会组织在事故伤害发生之日或者被诊断、鉴定为职业病之日起 1 年内，可以直接向用人单位所在地统筹地区社会保险行政部门提出工伤认定申请。

因此，如果自被诊断、鉴定为职业病时起，用人单位没有按规定时间向社会保险行政部门提出工伤认定申请，职工个人也可以直接向社会保险行政部门提出申请，无论该职工还是不是原来用人单位的职工。只要能够认定职工所患的是职业病，即构成工伤，原用人单位就应当让该员工享受工伤保险待遇。

法律依据

《工伤保险条例》第十七条

19. 企业没有参加工伤保险的，职工受伤可以认定为工伤吗？

法律咨询

老李是一名女工，在一家小型纺织厂工作了十多年，然而该厂却一直没有为员工投保工伤保险。在一次作业过程中，车间发生了火灾，老李在救火时不幸被烧成重伤，事后老李想申请工伤保险。那么，在企业没有参加工伤保险的情况下，职工受伤能否认定为工伤？

律师答疑

企业没有参加工伤保险的，不影响其职工的工伤认定，但是相应的工伤待遇不是由工伤保险基金支付，而是全部由该企业单位承担。

《工伤保险条例》第 2 条明确规定：“中华人民共和国境内的企业、事业单位、社会团体、民办非企业单位、基金会、律师事务所、会计师事务所等组织和有雇工的个体工商户（以下称用人单位）应当依照本条例规定参加工伤保险，为本单位全部职工或者雇工（以下称职工）缴纳工伤保险费。中华人民共和国境内的企业、事业单位、社会团体、民办非企业单位、基金会、律师事务所、会计师事务所等组织的职工和个体工商户的雇工，均有依照本条例的规定享受工伤保险待遇的权利。”

这一规定说明两个问题：一是我国境内的各类企业和有雇工的个体工商户都必须为本单位全部职工缴纳工伤保险费，这是一种法定的义务；二是我国境内的各类企业职工（雇工）都可以享受工伤保险待遇的权利，这是一种法定的权利，企业不得侵犯。企业之所以要参加工伤保险社会统筹，先尽缴纳义务，是因为只有这样才能对因工伤残或者死亡职工及其供养家属提供生活保障，同时也能均衡企业在这方面的开支，对职工、对企业都有好处。如果有的企业不参加工伤保险的社会统筹，一旦职工发生工伤事故，一切费用都要由企业遵照《工伤保险条例》中的有关规定支付。

法律依据

《工伤保险条例》第二条、第六十二条

20. 属于在校学生的实习人员发生工伤事故能否按照工伤处理？如果不能该怎么办？

法律咨询

小王是某院校土木专业的在校生。暑假期间，学校组织学生去某建筑公司实习。实习过程中小王不慎被高空落下的砖块砸伤腿部，经检查小王左腿踝骨骨折。事后，小王想申请工伤，却不知道自己的情况是否符合申请工伤的条件。那么，属于在校学生的实习人员发生工伤事故能否按照工伤处理？如果不能该怎么办？

律师答疑

属于在校学生的实习人员不算正式工作人员，与用人单位没有确立实质的劳动关系。因此，实习人员发生工伤事故，社会保险行政部门一般不受理，只能依照人身损害赔偿的有关法律规定进行处理。

法律依据

《工伤保险条例》第二条

《最高人民法院关于审理人身损害赔偿案件适用法律若干问题的解释》

第一条　因生命、身体、健康遭受侵害，赔偿权利人起诉请求赔偿义务人赔偿物质损害和精神损害的，人民法院应予受理。

本条所称“赔偿权利人”，是指因侵权行为或者其他致害原因直接遭受人身损害的受害人以及死亡受害人的近亲属。

本条所称“赔偿义务人”，是指因自己或者他人的侵权行为以及其他致害原因依法应当承担民事责任的自然人、法人或者非法人组织。

21. 企业能与经鉴定不构成伤残等级的工伤职工解除劳动合同吗？

法律咨询

王军是某企业的司机，在一次出车中受伤，被认定为工伤，但没有构成伤残等级，社会保险行政部门为其出具了工伤证。后来王军的受伤部位病情复发，其向单位主张工伤待遇，可是单位却置之不理。目前王军的劳动合同还没有到期，但单位已经准备解除劳动合同。那么，企业能否与经鉴定不构成伤残等级的工伤职工解除劳动合同？

律师答疑

被认定为工伤但经鉴定不构成伤残等级的职工虽然不应享受有工伤伤残职工的待遇，但是仍然应享受工伤待遇，如工伤医疗待遇，这是与没有受工伤的职工的区别之一。对于被认定为工伤但经鉴定不构成伤残等级的职工，当其劳动合同到期时，用人单位可以与其终止劳动合同。但是，如果劳动合同没有到期，用人单位仍然要解除劳动合同，就应当承担违约责任。

法律依据

《工伤保险条例》第十四条、第三十条

《中华人民共和国劳动合同法》

第四十四条　有下列情形之一的，劳动合同终止：

（一）劳动合同期满的；

（二）劳动者开始依法享受基本养老保险待遇的；

（三）劳动者死亡，或者被人民法院宣告死亡或者宣告失踪的；

（四）用人单位被依法宣告破产的；

（五）用人单位被吊销营业执照、责令关闭、撤销或者用人单位决定提前解散的；

（六）法律、行政法规规定的其他情形。

22. 职工在单位中因厮打受伤的，能认定为工伤吗？

法律咨询

马某就职于一家私企，在工作中因不服部门主管李某的工作安排，与李某发生口角。后来李某大打出手，马某遂与其相互厮打，在厮打的过程中李某一拳打在了马某的左眼上，导致马某的左眼流血不止，现在左眼有严重弱视的问题。像马某这样在单位中因厮打受伤的情况，能认定为工伤吗？

律师答疑

在单位因斯打受伤一般不能认定为工伤。根据《工伤保险条例》第 14 条第 3 项的规定，在工作时间和工作场所内，因履行工作职责受到暴力等意外伤害的，应认定为工伤。由此可见，适用该条进行工伤认定应满足 3 个条件，即工作时间、工作场所、因工作原因。判断职工某一事故伤害是否属于工伤，应同时满足工伤认定的积极条件和消极条件。

这里所说的消极条件主要指的是《工伤保险条例》第 16 条第 1 项规定的禁止认定工伤情形，即职工因故意犯罪伤亡的，不得认定为工伤或者视同工伤。要注意的是，作为禁止认定为工伤的“违法情形”应限定在受伤职工“故意犯罪的”情形，如果因第三人的故意犯罪行为导致职工受伤，当然不能作为此处禁止认定为工伤的理由。

就工伤认定的积极条件而言，要判定工作中的因暴力等意外因素受到伤害能否认定为工伤，关键是看伤害是否属于因工作原因所致。我们判断某一受伤行为是否属于“因工作原因”或“因履行工作职责”，应从行为人的工作职责出发进行分析。具体而言，职工所受伤害必须与履行工作职责相关，是因履行工作职责所受到的伤害，履行工作职责与意外伤害之间具有因果关系。所谓履行工作职责，指的是根据劳动合同及单位的工作安排，职工履行职务上应尽的义务的行为。如果职工在履行自己职务义务的过程中，因履行职务义务而遭受意外损害，便符合该条例第 14 条第 3 项规定的致害原因条件。

法律依据

《工伤保险条例》第十四条、第十六条

23. 装卸工在工作间隙休息时受伤的，是否可以认定为工伤？

法律咨询

小张是一家物流公司的工人。一日上午，公司来了一批货物，小张和其他工人一起卸货。由于货物较多，小张在卸货的过程中稍作休息，却在休息时不幸被货物砸伤。事后小张向公司申请工伤，公司却以小张是在工作间隙休息时受伤为由，拒绝为其申请工伤认定。像小张这样的装卸工在工作间隙休息时受伤的，能够认定为工伤吗？

律师答疑

装卸工在工作间隙的休息时间受伤的，也应认定为工伤。因为，休息是劳动者保持体力，为继续工作做准备的必要行为。对于劳动者来说，只要此次的工作尚未完成，在整个过程中的时间和装卸场所都应属于其工作时间和工作场所。

工伤的认定是不考虑工作的过程问题的，即只要不属于《工伤保险条例》中规定不应当认定为工伤的情形，就应当认定为工伤。

法律依据

《工伤保险条例》第十四条、第十六条

24. 职工从事单位临时指派的工作受伤的，能否认定为工伤？

法律咨询

小李是一家私企的文员，平时主要负责公司的文案工作。某日上午，由于情况紧急，人手不够，加之小李拥有丰富的驾驶经验，领导让其开车送自己外出办事。不料途中发生交通事故，该事故造成小李左腿严重受伤。试问，职工从事单位临时指派的工作受伤的，能够认定为工伤吗？

律师答疑

职工从事单位临时指派的工作受伤的，能认定为工伤。

职工从事的与工作有关的预备性或收尾性工作、单位指派的临时工作、代替其他职工从事的工作等，虽然不是职工的本职工作，但是都属于广义上的“因工负伤”所指的工作。所以，职工从事单位临时指派的工作受伤的，能认定为工伤。

法律依据

《工伤保险条例》第十四条

25. 职工早退发生交通事故的，算不算工伤？

法律咨询

王某所在单位的工作时间是上午8时至下午5时，且单位明确规定：员工上下班不得迟到早退；凡请假外出的人员，必须履行请假手续。一天下午，王某4时骑自行车离开单位回家，途中发生交通事故。事后，王某提出工伤认定申请。试问，职工早退发生交通事故的，算不算工伤？

律师答疑

职工早退发生交通事故的，不算工伤。根据《人力资源社会保障部关于执行〈工伤保险条例〉若干问题的意见（二）》第6条的规定，职工以上下班为目的、在合理时间内往返于工作单位和居住地之间的合理路线，视为上下班途中。这里的合理时间既包括正常工作的上下班时间，也包括职工加班加点后的上下班时间，因为职工加班加点也是为了工作。但职工违反企业规章制度早退，属于在正常工作时间擅自离岗的行为，其主观目的不是完成生产工作任务，其行为不仅与工作没有关系，损害了用人单位的利益，也不符合工伤保险的基本原则，因此不应被认定为工伤。

法律依据

《工伤保险条例》第十四条

《人力资源社会保障部关于执行〈工伤保险条例〉若干问题的意见（二）》六

26. 职工在“串岗”中受到的伤害是工伤吗？

法律咨询

老张是一名机械加工厂的员工。一日上班时间，王某私自离开自己的岗位去另一车间帮助林某操作机器，不料左手被绞进机器，整个左手从手腕处断掉。事后，工厂以老张擅自串岗为由，拒绝为老张申请工伤。那么，职工在“串岗”中受到的伤害是工伤吗？

律师答疑

职工在“串岗”中受到的伤害是工伤。《工伤保险条例》第1条规定：“为了保障因工作遭受事故伤害或者患职业病的职工获得医疗救治和经济补偿，促进工伤预防和职业康复，分散用人单位的工伤风险，制定本条例。”由此可知，我国劳动法律侧重于保护职工的合法权利，充分体现了在保护劳动者权利方面的倾向性。所以，我们在衡量一个行为是不是工伤行为时也要有一个倾向性，即在不违背法律的强制性规定时，要以保障劳动者合法权利为前提对有关问题作出法律上的解释。“串岗”行为虽然是违背企业规章的行为，但其行为本质仍然是为企业谋利，是为企业工作的行为，并非为自己谋取私利，职工客观上也是为单位创造经济效益而受伤，所以由于“串岗”行为所导致的伤害当然也属于由于工作原因导致的损害。

在认定某一行为是否属工伤时，要严格把握《工伤保险条例》规定的认定工伤情形以及法律禁止的情形。法律为了确保工伤事故发生后能得到公平、公正的处理，在对劳动者和用人单位的利益关系予以衡量之后，规定了不予工伤认定的情形，这是工伤认定的底线。只要行为未触碰该底线，同时符合工伤认定条件的，就可以予以工伤认定，保护伤者合法权利。

老张虽然不是在本岗位工作时受伤，但协助其他岗位仍然属于工作原因，符合工伤认定的三个基本要素，即在工作时间、工作场所和因工作原因致伤，同时也不属于排除工伤认定的情形，符合工伤认定条件。

法律依据

《工伤保险条例》第一条、第十六条

27. 隐瞒年龄求职，工伤谁担责？

法律咨询

未满 16 周岁的朱某凭虚假的年龄证明与某企业签订了劳动合同。没想到，朱某由于工作不慎，自身遭受严重伤害。用工单位以朱某开具虚假证明为由不予赔偿。朱某父亲找到司法所，要求司法所解决。对于此类隐瞒年龄求职的职工，出现工伤应该由谁承担责任？

律师答疑

隐瞒年龄求职的职工所受工伤应该根据双方的过错来确定由谁承担责任。

根据《劳动法》第 15 条第 1 款“禁止用人单位招用未满十六周岁的未成年人”的规定，该劳动合同明显属于无效合同。首先，用工单位在与应聘人员签订劳动合同时，应当验证应聘人员的身份证和户籍证明。用工单位只凭一张年龄证明就和应聘人员签订劳动合同的，明显有过错，因此，用工单位对员工的伤害应负主要责任。其次，职工为求职开具虚假证明，造成劳动合同无效，对自己的伤害也应负有责任。

法律依据

《中华人民共和国劳动法》

第十五条 禁止用人单位招用未满十六周岁的未成年人。

文艺、体育和特种工艺单位招用未满十六周岁的未成年人，必须遵守国家有关规定，并保障其接受义务教育的权利。

28. 职工所走路线不是上下班的必经路线，但在上下班途中因交通事故受伤的，能否认定为工伤？

法律咨询

袁某每天骑自行车上下班。某日早上 7 时许，袁某由于没吃早饭便到附近的餐厅吃饭，在饭后去公司的路上，被小汽车撞倒在地，后经抢救仍造成四级伤残。事故发生后，交警认定袁某在该起交通事故中并没有责任。那么，职工所走路线不是上下班的必经路线，但在上下班途中因交通事故受伤的，能够认定为工伤吗？

律师答疑

《工伤保险条例》第14条规定："职工有下列情形之一的，应当认定为工伤：……（六）在上下班途中，受到非本人主要责任的交通事故或者城市轨道交通、客运轮渡、火车事故伤害的……"该条明确了上下班途中发生交通事故的工伤认定，但没有指出这里的"上下班"是否必须在"必经路线"上。因此，本案的关键在于对"上班途中"的理解。对此，我们从法律角度展开评析。"上班途中"顾名思义是指在去往工作单位的路途中，进一步说，也就是为了到达工作单位进行工作所经过的路程。解释何为"上班途中"的关键是评析劳动者的主观目的。即使客观上讲职工处于上班的路上，但主观上职工是前往另一地点从事其他事宜，那么这种情况也不应认定为此处的"上班途中"。

另外，根据2016年3月28日出台的《人力资源社会保障部关于执行〈工伤保险条例〉若干问题的意见（二）》第6条的规定，职工以上下班为目的，在合理时间内往返于工作单位和居住地之间的合理路线，视为上下班途中。所以，职工并非只有在必经路线上受到伤害才可能被认定为工伤。

由此可见，只要劳动者主观上是为了到达工作地点进行工作，客观上也是在合理的上下班时间去往单位，即使其所走路线并非上班的必经路线，也应对其认定为工伤。

法律依据

《工伤保险条例》第十四条

《人力资源社会保障部关于执行〈工伤保险条例〉若干问题的意见（二）》六

29. 员工实际居住地和在单位登记居住地不一致，又在上下班途中因交通事故伤亡的，能否认定为工伤？

法律咨询

杨某系某商店员工，在该店登记居住地为某区 J 路，后杨某搬至某区 S 路。某日杨某在下班回家途中，因发生交通事故死亡，交警认定杨某无责。事后，杨某丈夫申请工伤认定，但人社局认为杨某实际居住地和在单位登记地不符，拒绝对其认定为工伤。那么，职工实际居住地和在单位登记居住地不一致，又在上下班途中因交通事故伤亡的，能否认定为工伤？

律师答疑

职工实际居住地和在单位登记居住地不一致，又在上下班途中因交通事故伤亡的，可以认定为工伤。根据《工伤保险条例》第 14 条第 6 项的规定，职工在上下班途中，受到非本人主要责任的交通事故伤害的，应当认定为工伤。此类案件争议焦点为发生交通事故的地点是否为下班回家的必经路线。员工登记表只是员工在进入某处工作时对自己基本情况的表述，外来务工人员的居住地因各种理由而变更亦属正常，该登记表并不能直接作为认定其实际居住地址的证据。因此，职工在上下班途中受到非本人主要责任的交通事故伤害的，即使其实际居住地和在单位登记居住地不一致，也应认定为工伤。

法律依据

《工伤保险条例》第十四条

《最高人民法院关于审理工伤保险行政案件若干问题的规定》第六条

30. 退休返聘人员因工负伤的，是否算工伤?

法律咨询

张某是某电力公司的会计，2016 年 11 月 3 日退休后一直赋闲在家，后经返聘重新回原单位上班。一日下班途中，张某被一辆货车撞伤。经交警认定，张某在交通事故中无责。事后，单位以张某是返聘人员为由拒绝为其认定工伤。那么，退休返聘人员因工负伤的，能否算工伤?

律师答疑

退休返聘人员因工负伤的算工伤。2016 年 3 月 28 日出台的《人力资源社会保障部关于执行〈工伤保险条例〉若干问题的意见(二)》第 2 条第 2 款规定，用人单位招用已经达到、超过法定退休年龄或已经领取城镇职工基本养老保险待遇的人员，在用工期间因工作原因受到事故伤害或患职业病的，如招用单位已按项目参保等方式为其缴纳工伤保险费的，应适用《工伤保险条例》。所以，退休返聘人员因工负伤应认定为工伤。

法律依据

《工伤保险条例》第二条

《人力资源社会保障部关于执行〈工伤保险条例〉若干问题的意见（二）》二

31. 工作时间发病是否算是工伤？

法律咨询

张女士是一家酒店的清洁女工，患有严重的心脏病，需要长期服药。一日上午，张女士在清理客房时不幸旧疾复发，经抢救无效死亡。张女士的家属在向社会保险行政部门申请工伤认定时被告知张女士的病不是由工作引起的，因此不能认定为工伤。那么，工作时间发病是否算是工伤？

律师答疑

工作时间发病是否算是工伤要分情况而定。

首先，根据《工伤保险条例》第 15 条第 1 款第 1 项的规定，职工在工作时间和工作岗位，突发疾病死亡或者在 48 小时之内经抢救无效死亡的，应视同工伤，享受工伤保险待遇。如案例中的张女士肯定应被认定为工伤。该项中的“突发疾病”包括各类疾病；关于“48 小时”的起算时间，应以医疗机构的初次诊断时间作为突发疾病的诊断时间。

其次，职工在工作中突然发病但未构成死亡的，是否构成工伤而享受工伤保险待遇，要就具体情况具体分析。如果疾病是工作所引起的，职工所受伤害就应该视为工伤，职工享受工伤保险待遇；如果疾病不是工作引起的，那么职工只能享受非因工负伤的医疗保险待遇。

法律依据

《工伤保险条例》第十五条

32. 职工在工作时间从事非本职工作而受伤的，能否认定为工伤？

法律咨询

刘某和金某夫妻同是某厂员工，岗位不同，实行计件工资制。某日，丈夫刘某来到金某的车间帮助金某，不慎将双手烫伤，事后刘某申请工伤认定。厂方认为，刘某从事的不是本职工作，而厂方规定员工不得从事非本职工作，且刘某帮助妻子的目的是拿更多的工资，并非为了厂方工作，遂拒绝申请工伤。那么，在工作时间从事非本职工作而受伤能否认定为工伤？

律师答疑

职工工作时间从事非本职工作而受伤的，可以认定为工伤。只要不属于《工伤保险条例》第16条规定中所列的“故意犯罪”“醉酒或者吸毒”“自残或者自杀”的情形，劳动者在工作时间、工作场所，因工作原因遭受的伤害都可认定为工伤。简言之，职工在工作时间、工作场所从事非本职工作，只要是基于工作原因而遭受伤害的，均应认定为工伤。即使公司规定员工不得从事非本职工作，但其行为客观上也增加了公司的经济效益，符合公司的根本利益。根据我国现行法律规定，工伤事故侵权采取的是无过错补偿原则，劳动者的过错不影响工伤的认定。只要公司不能提供证据证明员工在上班时受伤是有目的的故意行为，即使员工本人在工作过程中因操作不当或者违反单位规章制度规定而发生事故伤害，对于伤害的发生有一定的过错，也不影响工伤的认定。

法律依据

《工伤保险条例》第十六条

33. 职工对事故发生有过错的，算不算工伤？

法律咨询

某工厂因生产原料中包含易燃材料，所以在规章制度中明文规定，工作场所严禁吸烟。某日，罗某在加班时吸烟，不慎引起火灾，并导致身受重伤入院治疗。事后，罗某与工厂因是否应认定为工伤产生纠纷，经过工伤认定、诉讼等程序，法院最终将此次事故认定为工伤。那么，职工对事故发生有过错的，能否认定为工伤？

律师答疑

职工对事故发生有过错的，能认定为工伤。根据《工伤保险条例》的规定，员工只要是在工作场所、工作时间，因工作原因发生的伤亡事故，除法定不能认定为工伤的情况，均应认定为工伤。职工对于伤亡事故的发生有过错，并不属于法定不应认定为工伤的情形。工伤认定采取无过错原则，即在工伤认定的过程中不考虑单位是否有过错，也不考虑职工是否有过错，只要符合条件，均应认定为工伤，这是为了更好地维护劳动者的权益。

用人单位为了减轻其所应该承担的工伤赔偿责任，应及时为职工办理工伤保险，以防范企业用工风险。

法律依据

《工伤保险条例》第十四条、第十六条

34. 职工在从事与工作有关的预备性工作中受伤的，算不算工伤？

法律咨询

2017 年，赵某到临沭县某厂工作，厂里规定上班时间为早 8 时至晚 5 时。某日早上 7 时 30 分，赵某提前到厂里整理机器，右手不慎被吸进机器，两根手指被截断。2018 年 1 月，赵某要求该厂支付工伤待遇，但该厂认为赵某是在非上班时间受伤的，拒绝了赵某的要求。那么，职工在从事与工作有关的预备性工作中受伤的，算不算工伤？

律师答疑

职工在从事与工作有关的预备性工作中受伤的，可以认定为工伤。根据《工伤保险条例》第 14 条第 1 款第 2 项的规定,工作时间前后在工作场所内,从事与工作有关的预备性或者收尾性工作受到事故伤害的,应当认定为工伤。也就是说,在劳动者和用人单位之间存在劳动法律关系或事实劳动关系的前提下,劳动者在工作时间前后在工作场所内,从事与工作有关的预备性或者收尾性工作受到事故伤害的,应当认定为工伤。即使是在该厂规定工作时间前受伤,但如果职工的行为属于与其工作有关的预备性工作,都应享受工伤待遇。

法律依据

《工伤保险条例》第十四条第(二)项

35. 单位组织旅游过程中,职工受伤甚至意外身亡的,是否构成工伤?

法律咨询

时某为甲公司操作员。2017 年 5 月 5 日至 6 日公司组织全体职工外出旅游,时某报名参加。旅游期间时某因拍照受伤。之后甲公司为时某申请工伤认定,但人社局认为时某参加公司组织的旅游活动,主要是观光休闲性质,并非因工外出,与工作无关,故时某受伤不构成工伤。那么,单位组织旅游过程中,职工受伤甚至意外身亡的,能不能认定为工伤?

律师答疑

职工参加单位组织的旅游而受伤能否被认定为工伤的关键，在于职工是否受单位强制要求或鼓励，这是判断是否“因工作原因”受伤的核心。

用人单位要求或鼓励职工参加的集体活动，可以被认为是工作的一个组成部分，应属于工作原因。首先，从工伤保护的立法宗旨和法律原则来看，其目的是预防工伤事故发生、分担事故风险、保护劳动者合法权益。单位组织员工旅游行为属于与工作相关的行为，可参照“因工外出”认定。单位组织员工集体活动，从行为定性分析属单位集体行为，而不是员工的个人行为。单位是集体活动的倡导者、组织者、管理者、交通工具提供者、资金提供者，员工在外出集体活动中，始终处于单位组织的管理中，员工始终是被管理的状态。其次，单位组织员工集体活动的目的在于调节员工身心，提高员工工作积极性，增强凝聚力。单位组织员工集体活动是单位福利待遇的另一种表现形式。其间发生伤害的，员工应该获得医疗救治和经济补偿，组织者要对整个集体活动过程负责。《国务院法制办公室对〈关于职工参加单位组织的体育活动受到伤害能否认定为工伤的请示〉的复函》指出，作为单位的工作安排，职工参加体育训练活动而受到伤害的，应当依照《工伤保险条例》第 14 条第 1 项中关于“因工作原因受到事故伤害的”的规定，认定为工伤。

《人力资源社会保障部关于执行〈工伤保险条例〉若干问题的意见（二）》第 4 条规定，职工在参加用人单位组织或者受用人单位指派参加其他单位组织的活动中受到事故伤害的，应当视为工作原因，但参加与工作无关的活动除外。

法律依据

《工伤保险条例》第一条

《人力资源社会保障部关于执行〈工伤保险条例〉若干问题的意见（二）》四

《国务院法制办公室对〈关于职工参加单位组织的体育活动受到伤害能否认定为工伤的请示〉的复函》

……

作为单位的工作安排，职工参加体育训练活动而受到伤害的，应当依照《工伤保险条例》第十四条第（一）项中关于“因工作原因受到事故伤害的”的规定，认定为工伤。

……

36. 职工没有按照公司要求在公司吃住而是居住在外的，下班途中受伤的，可以认定为工伤吗？

法律咨询

王某是某公司员工，公司对招聘的员工包吃包住，王某接受了该公司的安排，但有时候也与其丈夫租住在外。某日下班途中，王某被小汽车撞倒，且其在该起交通事故中无责。王某向人社局提出申请，要求确认该起交通事故为工伤事故，但是人社局认为该起交通事故非工伤事故。那么，职工没有按照公司要求在公司吃住而是居住在外的，下班途中受伤的，可以认定为工伤吗？

律师答疑

职工有权选择居住地，公司不得干预。根据《最高人民法院关于审理工伤保险行政案件若干问题的规定》第6条的规定，对社会保险行政部门认定下列情形为“上下班途中”的，人民法院应予支持：（1）在合理时间内往返于工作地与住所地、经常居住地、单位宿舍的合理路线的上下班途中；（2）在合理时间内往返于工作地与配偶、父母、子女居住地的合理路线的上下班途中；（3）从事属于日常工作生活所需要的活动，且在合理时间和合理路线的上下班途中；（4）在合理时间内其他合理路线的上下班途中。因此，王某往返于与丈夫租住的房屋显然应认定为正常的上下班途中。

根据《工伤保险条例》第14条的规定，王某在返回居住地的途中发生交通事故受伤且非本人主要责任，应该认定为工伤。因此，本案中人社局的认定是错误的，王某可以向法院提起诉讼。

法律依据

《工伤保险条例》第十四条第（六）项

《最高人民法院关于审理工伤保险行政案件若干问题的规定》第六条

37. 职工因工作积劳成疾算不算工伤？

法律咨询

陈先生是某公司技术骨干。由于长期对着计算机，他得了颈椎病，本来的近视也加深了，还得了痔疮，最近又因病住院治疗。医生说，陈先生患病的主要原因是劳累过度。陈先生回想起几个月前，公司接到一个大型软件工程，由于一定要在元旦前完成，公司采取了“封闭作业”的方式，连续加班两个多月。陈先生认为，自己的这些病是因长期伏案工作所致，再加上积劳成疾，属职业病，应该认定为工伤。那么，职工因工作积劳成疾算不算工伤？

律师答疑

《工伤保险条例》第 14 条第 1 款第 1 项规定，职工在工作时间和工作场所内，因工作原因受到事故伤害的，应当认定为工伤；第 3 项规定，职工在工作时间和工作场所内，因履行工作职责受到暴力等意外伤害的，应当认定为工伤。员工患上各种疾病，即便是因为工作原因劳累过度，积劳成疾，也不属于事故伤害，不属于《工伤保险条例》第 14 条第 1 款第 1 项规定的情形；《工伤保险条例》第 14 条第 1 款第 3 项则指的是暴力等外力造成的意外伤害，各种常见的办公室疾病显然同样不属于此种情形。

此外，职工因工作发病的，可以根据其症状判断其是否构成应当认定为工伤的情形：根据《工伤保险条例》第 14 条第 1 款第 4 项的规定，患职业病的，应当认定为工伤；如果不构成职业病，但是在工作时间和工作岗位，突发疾病死亡或者在 48 小时之内经抢救无效死亡的，根据《工伤保险条例》第 15 条第 1 项的规定，视同工伤。职业病的分类和目录由国务院卫生行政部门会同国务院劳动保障行政部门制定、调整并公布。目前，《职业病分类和目录》中，共规定了职业病 10 类、132 种。也就是说，只有符合该 10 类、132 种职业病情形之一，才能认定为工伤，而不是因工作造成的疾病都应当认定为工伤。只要不属于《职业病分类和目录》中规定的 10 类、132 种职业病范围，就不应当认定为工伤。即使职工可能因工作原因发病，但如果其不是在工作时间和工作场所突然发病，或是并没有突然死亡或在 48 小时经抢救无效死亡，则不应当认定为工伤，但职工可以通过医疗保险途径，获得相应的赔偿。

法律依据

《工伤保险条例》第十四条、第十五条

38. 职工工作时间在厕所滑倒致残的，能否认定为工伤？

法律咨询

李某在离上班还有 10 分钟时，去办公室旁边的厕所小便。因厕所里的地面湿滑，李某不小心摔倒在地，导致骨折。后李某申请工伤，人社局经调查后认定李某为工伤。但李某所在的公司认为，李某的摔伤致残与履行本职工作无关，人社局将李某受伤认定为工伤没有法律依据。后公司起诉到法院。

律师答疑

《劳动法》第 3 条规定，劳动者享有“获得劳动安全卫生保护”的权利。也就是说，任何用工单位和个人都应当为劳动者提供必要的劳动卫生条件，维护劳动者的基本权利。上厕所虽然是个人的生理现象，但是与劳动者正常工作密不可分，不能片面地认为上厕所只是个人生理需要，与劳动者的本职工作无关，否则会与劳动法保护劳动者合法权利的基本原则相违背，也有悖于社会常理。所以，根据《工伤保险条例》第14条第1款第1项的规定，李某所受伤害应当认定为工伤。

法律依据

《中华人民共和国劳动法》

第三条 劳动者享有平等就业和选择职业的权利、取得劳动报酬的权利、休息休假的权利、获得劳动安全卫生保护的权利、接受职业技能培训的权利、享受社会保险和福利的权利、提请劳动争议处理的权利以及法律规定的其他劳动权利。

劳动者应当完成劳动任务，提高职业技能，执行劳动安全卫生规程，遵守劳动纪律和职业道德。

39. 职工在工作中遭受他人蓄意伤害的，是否可以认定为工伤？

法律咨询

老李是某电子厂的员工。某日上午，老李在车间进行作业时，与张某因为工作问题发生口角，争执中张某对其大打出手，造成老李重伤。老李欲申请工伤认定，却不知道自己的情况是否符合工伤认定的条件。那么，职工在工作中遭受他人蓄意伤害的是否可以认定为工伤？

律师答疑

《工伤保险条例》第14条规定:“职工有下列情形之一的,应当认定为工伤:……(三)在工作时间和工作场所内,因履行工作职责受到暴力等意外伤害的……”同时,《劳动和社会保障部办公厅关于职工在工作中遭受他人蓄意伤害是否认定工伤的复函》中指出,关于职工在工作中遭受他人蓄意伤害是否认定工伤的问题,应该根据具体情况确定。一般来说,因履行职责遭致人身伤害的,应当认定工伤。对于暂时缺乏证据,无法判定其受伤害原因是因公还是因私的,可先按照疾病和非因工负伤、死亡待遇处理。待伤害原因确定后,再按有关规定进行工伤认定。其中认定为工伤的,其工伤待遇享受期限从受伤害之日起计算。已享受的疾病和非因工负伤、死亡待遇,应从工伤保险待遇中扣除。

所以,职工在工作中遭受他人蓄意伤害的,只要其是因履行工作职责而遭受人身伤害就可以认定为工伤。

法律依据

《工伤保险条例》第十四条

40. 单位司机违章驾驶造成交通事故的,其所受伤害能否认定为工伤?

法律咨询

黄某是某公司司机。某天,黄某受公司指派运输材料,途中违章超车，与其他车辆发生剐蹭，造成其右脚踝骨折。交管部门认为黄某违章是造成事故的主要原因，应负事故全部责任。黄某请求该公司申请工伤认定，却遭到了拒绝。该公司认为交管部门已认定黄某负事故全责，其受伤是自己违章驾驶所致，不应享受工伤待遇。试问，单位司机违章驾驶造成交通事故的，其所受伤害能否认定为工伤？

律师答疑

《工伤保险条例》第 14 条第 1 项规定，职工在工作时间和工作场所内，因工作原因受到事故伤害的，应认定为工伤；第 14 条第 6 项规定，在上下班途中，受到非本人主要责任的交通事故或者城市轨道交通、客运轮渡、火车事故伤害的，应认定为工伤。因此，“非本人主要责任”仅适用于第 14 条第 6 项规定的“在上下班途中的交通事故”。案例中，黄某的交通事故并非发生于上下班途中，而是在履行其工作职责，属于“在工作时间和工作场所内，因工作原因受到事故伤害”，应该适用第 14 条第 1 项的规定进行工伤认定。

同时，《工伤保险条例》第 16 条又规定了不能认定为工伤的情形：（1）故意犯罪的；（2）醉酒或者吸毒的；（3）自残或者自杀的。由此可知，职工因工作原因受到事故伤害，且不存在上述情形的，即使其章规驾驶，也应认定为工伤。

法律依据

《工伤保险条例》第十四条、第十六条

41. 用人单位与劳动者签订了包含“工伤自负”等内容的劳动合同后，还能申请认定工伤吗？

法律咨询

小王是某建筑公司员工，入职前与公司签订了工伤自负协议，协议约定如果小王在工作中人身受到伤害，该公司不负赔偿责任。某日，小王在工作时发生意外事故，该事故造成右手手腕骨折。事后，该公司以签订了工伤自负协议为由，拒绝申请工伤认定。那么，签订了包含“工伤自负”等内容的劳动合同后，还能否申请工伤认定呢？

律师答疑

对劳动者实行劳动保护，已经在我国的法律中有明确的法律规定，这是劳动者所拥有的权利。用人单位与劳动者签订类似的“工伤自负”等协议，是对劳动者权益的侵害。这种行为既不符合宪法和有关法律的规定，也严重违反了社会公德，应该属于无效的民事行为。至于该行为被确认无效后的法律后果和赔偿等问题，仍然应当按照相关的工伤待遇来处理。

法律依据

《中华人民共和国民法典》

第一百五十三条　违反法律、行政法规的强制性规定的民事法律行为无效。但是，该强制性规定不导致该民事法律行为无效的除外。

违背公序良俗的民事法律行为无效。

42. 职工工作中受到精神伤害的，能否要求工伤赔偿？

法律咨询

张某是某电力公司的员工，在一次高空作业时不慎从高处摔下造成左腿骨折，事后虽然因抢救及时没有留下后遗症，但是却导致张某心理和精神上出现了问题，只要到了高处心理便极度恐慌。张某以精神受到损害为由请求公司申请工伤认定却遭到拒绝。那么，针对工作中受到精神伤害的案件，职工能否申请工伤赔偿呢？

律师答疑

工伤，又称为产业伤害、职业伤害、工业伤害、工作伤害，是指劳动者在从事职业活动或者与职业活动有关的活动时所遭受的不良因素的伤害和职业病伤害。由其含义可以看出，“工伤”是工作过程中所受到的身体伤害，而非精神伤害。劳动者只有在工作过程中发生身体上的伤害时，才能根据《工伤保险条例》的相关规定请求工伤保险赔偿，享受相应的工伤保险待遇。

精神损害赔偿是指自然人因其人身权受到不法侵害，使其人格权益和身份利益受到损害或遭受精神痛苦，受害人本人或死者近亲属要求侵权人通过财产赔偿等方法进行救济和保护的民事法律制度。工伤保险赔偿制度和精神损害赔偿制度有法律性质和功能两方面的不同。工伤保险赔偿发挥的是对因工作遭受事故伤害或者患职业病职工的医疗或经济补偿功能，属于社会保障法的范畴，具有公法性质，而精神损害赔偿的法律性质是财产赔偿责任，具有填补、抚慰、惩罚的功能。因此，劳动者对于自身遭受的精神损害，不可以向单位要求工伤赔偿，但是可以通过其他途径向侵权人主张损失赔偿责任。

法律依据

《工伤保险条例》第一条、第十四条

43. 职工因工负伤，在抢救过程中由于输血染上其他疾病的，是认定为工伤还是医疗事故？

法律咨询

刘某是某建筑公司的工人，在施工过程中不幸被钢筋插入脚底，后送往医院抢救。因失血过多，医院为刘某进行了输血，不料其由于输血染上了艾滋病。刘某欲申请工伤认定。那么，职工因工负伤，在抢救过程中因输血染上其他疾病的，是认定为工伤还是医疗事故呢？

律师答疑

职工因工负伤的，如果符合《工伤保险条例》第 14 条、第 15 条规定的应当认定为工伤或视为工伤的情形，那么职工此时的“伤”肯定应当认定为“工伤”。但职工在负伤后的抢救过程中，由于输血染上其他疾病的，则应当认定为医疗事故。所谓医疗事故，是指医疗机构及其医务人员在医疗活动中，违反医疗卫生管理法律、行政法规、部门规章和诊疗护理规范、常规，过失造成患者人身损害的事故。“由于输血染上其他疾病”，很显然已表明了责任主体——对于医疗事故造成患者的人身伤害，应当由医院承担责任。

法律依据

《工伤保险条例》第十四条、第十五条

44. 企业的替工人员在劳动期间发生工伤事故致残的，能不能享受工伤保险待遇？

法律咨询

李某和赵某是同村好友，李某在货运公司当搬运工，赵某在建筑工地当小工。某日，李某因病不能上工，便委托赵某替他一天。当天赵某正好轮休，便答应了李某的要求。赵某在搬运货物过程中，被一块从车上掉下来的地板砖砸伤了脚，经医院诊断为：右足部分趾骨骨折。那么，替工人员在劳动期间发生工伤事故致残的，是否属于工伤？

律师答疑

首先，根据《工伤保险条例》的有关规定，劳动者要想享受工伤待遇，其必须是本单位职工，且受到的伤害必须是因工作造成的。替工人员赵某遭受的伤害虽然是因为在货运公司工作造成的，但其既非货运公司员工，也未和货运公司形成事实劳动关系（替工时未征得货运公司同意），所以不构成工伤，不能享受工伤保险待遇。

其次，虽然替工人员的情况不构成工伤，但不代表替工人员不可以向公司索赔。根据《最高人民法院关于审理人身损害赔偿案件适用法律若干问题的解释》第 5 条第 1 款的规定，无偿提供劳务的帮工人因帮工活动遭受人身损害的，根据帮工人和被帮工人各自的过错承担相应的责任；被帮工人明确拒绝帮工的，被帮工人不承担赔偿责任，但可以在受益范围内予以适当补偿。所以赵某可以向建筑工地要求一定的补偿。

法律依据

《工伤保险条例》第二条

《最高人民法院关于审理人身损害赔偿案件适用法律若干问题的解释》

第五条 无偿提供劳务的帮工人因帮工活动遭受人身损害的，根据帮工人和被帮工人各自的过错承担相应的责任；被帮工人明确拒绝帮工的，被帮工人不承担赔偿责任，但可以在受益范围内予以适当补偿。

帮工人在帮工活动中因第三人的行为遭受人身损害的，有权请求第三人承担赔偿责任，也有权请求被帮工人予以适当补偿。被帮工人补偿后，可以向第三人追偿。

45. 职工在工作间歇期间休息时因工死亡的，是否认定为工伤？

法律咨询

刘某系某制造厂的搬运工人。一日，刘某在搬运货物过程中的间歇期间休息,被倒塌的货物砸到,经抢救无效死亡。后经相关部门认定,刘某的死亡系工伤。但该厂认为刘某的死亡不应该算作工伤,其主要理由为:刘某是在当日工作间歇期间休息时死亡的。那么,职工在工作间歇期间休息时因工死亡的,是否可以认定为工伤?

律师答疑

在工作间歇期间休息本就是劳动者的生理需要,同时,工作间歇期间的休息调整也是为了更好地完成工作。因此,工作间歇期间的休息也应认为是工作的一部分,是劳动者自我进行身体调节,从而更好进行下一步工作的必备时间,是劳动者正常工作的必要组成部分,劳动者在此期间因工死亡的,应当认定为工伤。

法律依据

《工伤保险条例》第十四条

46. 保姆在雇主家受伤的,是否属于工伤?

法律咨询

小张是一名保姆,受雇于张某一家,平日里为张某打扫卫生、做饭、带孩子。一日,小张在接孩子放学的路上被一辆汽车撞伤,事故导致小张构成三级伤残。小张的朋友劝其向社会保险行政部门申请工伤。试问,保姆在雇主家受伤的,是否属于工伤?

律师答疑

保姆在雇主家受伤是否属于工伤，需要区分不同的情况来对待：

（1）如果保姆与家政公司形成了劳动关系，之后由家政公司安排保姆从事一定的家政工作，则保姆所受伤害属于工伤。根据《工伤保险条例》第 2 条第 2 款的规定，中华人民共和国境内的企业、事业单位、社会团体、民办非企业单位、基金会、律师事务所、会计师事务所等组织的职工和个体工商户的雇工，均有依照本条例的规定享受工伤保险待遇的权利。家政公司属于《工伤保险条例》中规定的应当为员工缴纳工伤保险的公司，所以保姆受伤，应该属于工伤。

（2）如果保姆是个人雇用，则其所受伤害不属于工伤。因为个人雇用保姆属于个人与个人之间建立的劳务关系，不属于劳动法调整的劳动关系。《民法典》第 1192 条第 2 款规定，提供劳务期间，因第三人的行为造成提供劳务一方损害的，提供劳务一方有权请求第三人承担侵权责任，也有权请求接受劳务一方给予补偿。接受劳务一方补偿后，可以向第三人追偿。

法律依据

《工伤保险条例》第二条

《中华人民共和国民法典》

第一千一百九十二条　个人之间形成劳务关系，提供劳务一方因劳务造成他人损害的，由接受劳务一方承担侵权责任。接受劳务一方承担侵权责任后，可以向有故意或者重大过失的提供劳务一方追偿。提供劳务一方因劳务受到损害的，根据双方各自的过错承担相应的责任。

提供劳务期间，因第三人的行为造成提供劳务一方损害的，提供劳务一方有权请求第三人承担侵权责任，也有权请求接受劳务一方给予补偿。接受劳务一方补偿后，可以向第三人追偿。

47. 外派劳务人员在国外工作中受伤的，是否属于工伤？

法律咨询

小郑是某建筑公司的员工。2016 年公司外派小郑及其他数名员工去肯尼亚负责一项建筑工程。在该工程施工的过程中，小郑不幸被高空坠物砸伤。事后，小郑准备申请工伤认定。试问，小郑这类外派劳务人员在国外工作中受伤的，是否属于工伤？

律师答疑

外派劳务人员在国外工作中受伤的，只要符合《工伤保险条例》第 14 条应当认定工伤的情形或者第 15 条视同工伤的情形的，都可以享受工伤保险待遇。同时，《工伤保险条例》第 44 条进一步规定了外派人员的工伤待遇问题：职工被派遣出境工作，依据前往国家或者地区的法律应当参加当地工伤保险的，参加当地工伤保险，其国内工伤保险关系中止；不能参加当地工伤保险的，其国内工伤保险关系不中止。所以，外派劳动人员在国外工作中受伤的，如果前往国家或者地区的法律应当参加当地工伤保险，就参加当地工伤保险，其国内工伤保险关系中止，按照当地的规定享受工伤待遇；如果不能参加当地工伤保险，其国内工伤保险关系不中止，按照国内的标准享受工伤待遇。

另外，2016年3月28日出台的《人力资源社会保障部关于执行〈工伤保险条例〉若干问题的意见（二）》第5条规定，职工因工作原因驻外，有固定的住所、有明确的作息时间，工伤认定时按照在驻在地当地正常工作的情形处理。

法律依据

《工伤保险条例》第四十四条

《人力资源社会保障部关于执行〈工伤保险条例〉若干问题的意见（二）》五

48. 职工因违章操作而负伤的，能否认定为工伤？

法律咨询

王某是天津某机械厂员工。2012年3月，该厂机器突然出现故障，停止工作。为了不影响工作进度，王某遂对机器进行检修，但他在检修机器时未切断电源，并因此被电击伤。王某要求公司参照相关法规，给予工伤待遇，但该公司则认为王某属严重违章操作，拒绝给予工伤待遇。那么，职工因违章操作而负伤的，能否被认定为工伤？

律师答疑

工伤认定遵循无过错的原则，只要符合在工作时间和工作场所内，因工作原因受到事故伤害的条件，不管造成事故的起因是在用人单位一方还是在伤者一方，都应对职工所受伤害认定为工伤。另外，《工伤保险条例》第16条规定的不得认定为工伤或不得视同工伤的情形并不包括违规操作。也就是说，即使职工存在违规操作的情形，只要其受伤符合第14条或第15条的规定，都应当认定为工伤。

本案中，王某虽然违反了公司的操作规程，没有先切断电源再进行机器检修，但其在工作时间和工作场所内从事生产工作的事实符合《工伤保险条例》第14条第1项的规定，且不存在第16条规定的不得认定为工伤的情形。因此，王某的受伤应当认定为工伤。

法律依据

《工伤保险条例》第十四条、第十六条

49. 职工在上班时间因干私活而受伤的，能否认定为工伤？

法律咨询

小张是某机械厂的钳工。上班期间，小张想自制一枚铁件回家自用。在锉削过程中，金属粉末不慎进入右眼，造成小张眼部感染，视力降至0.2。事后，小张向社会保险行政部门申报工伤，但工伤保险行政部门认为小张虽在上班时受伤，但其行为与本岗位无关，不应认定为工伤，故驳回了小张的工伤认定申请。那么，职工在上班时间因干私活而受伤的，究竟能否认定为工伤呢？

律师答疑

《工伤保险条例》第14条第1项规定，“在工作时间和工作场所内，因工作原因受到事故伤害的”，应当认定为工伤。该项除规定了时间和地点外，还特别强调了“因工作原因”的条件。所以认定工伤必须同时具备时间、地点、原因三个要素。本案就涉及了私活概念如何界定的问题。在工作时间和地点做不属于本职工作范畴、没有领导安排的事务，又不直接增进单位利益的，就是私活。领导委派的任务一般分两种情况：一是属于自己工作范围内的正常工作任务；二是不属于自己工作范围内的特定工作任务。

此案例提示我们：工伤保险虽然实行无过错原则，但它必定有特定的范围，不是所有的伤害都能认定为工伤。因此，上班时间因干私活而受伤，并不属于应当认定为工伤的情形，由此造成的后果由职工自己负责。

法律依据

《工伤保险条例》第十四条

Chapter 3

第三章

职业病处理

50. 职业病的证明如何办理?

法律咨询

老王在一家纺织厂工作。由于近期老是咳嗽,就到家附近的医院检查,医院的确诊书写明“尘肺”。老王听说这是一种职业病,于是就拿着确诊书去公司要求享受工伤保险待遇,但是公司称普通医院开具的确诊书不是职业病的合格证明。请问:职业病的证明应该怎么办理呢?

律师答疑

职业病的诊断证明可以分三个步骤来办理:

首先,根据《职业病诊断与鉴定管理办法》第 7 条的规定,医疗卫生机构开展职业病诊断工作,应当在开展之日起十五个工作日内向省级卫生健康主管部门备案。省级卫生健康主管部门应当自收到完整备案材料之日起十五个工作日内向社会公布备案的医疗卫生机构名单、地址、诊断项目(《职业病分类和目录》中的职业病类别和病种)等相关信息。所以,劳动者应当先到省级卫生健康主管部门公布的备案医疗卫生机构申请诊断。

其次,根据《职业病防治法》第 44 条的规定,劳动者可以在用人单位所在地、本人户籍所在地或者经常居住地依法承担职业病诊断的医疗卫生机构进行职业病诊断。所以,劳动者也可以选择在用人单位所在地、本人户籍所在地或者经常居住地进行职业病诊断。

最后,《职业病诊断与鉴定管理办法》第 47 条规定,职业病诊断鉴定书应当包括以下内容:(1)劳动者、用人单位的基本信息及鉴定事由；（2）鉴定结论及其依据，鉴定为职业病的应当注明职业病名称、程度（期别）；（3）鉴定时间。诊断鉴定书加盖职业病鉴定委员会印章。首次鉴定的职业病诊断鉴定书一式五份，劳动者、用人单位、用人单位所在地市级卫生健康主管部门、原诊断机构各一份，职业病鉴定办事机构存档一份；省级鉴定的职业病诊断鉴定书一式六份，劳动者、用人单位、用人单位所在地省级卫生健康主管部门、原诊断机构、首次职业病鉴定办事机构各一份，省级职业病鉴定办事机构存档一份。职业病诊断鉴定书的格式由国家卫生健康委员会统一规定。

法律依据

《中华人民共和国职业病防治法》第四十三条、第四十四条

《职业病诊断与鉴定管理办法》第七条、第十一条、第十六条、第十九条、第四十七条

51. 中暑可以被认定为职业病吗？

法律咨询

在炎热的夏季，我国不少地区的最高气温达到了 40 摄氏度以上，大量的室外甚至室内劳动者在烈日酷暑下工作，不少人发生中暑现象。那么，因为职业原因中暑的，能否申请工伤认定呢？

律师答疑

根据《工伤保险条例》第 14 条的规定，“患职业病”属于工

伤。我国《职业病分类和目录》将“中暑”规定在物理因素所致职业病内。所以，职工一旦被职业病防治部门认定为职业中暑，按照《职业病防治法》和《工伤保险条例》的有关规定，就应当享受工伤保险待遇。

应予注意的是，职工一旦发生职业中暑，必须到职业病诊断机构进行确认。一般性的综合医院无权对职业病作出最终诊断。高温下作业的工人一旦发生中暑事件，在送诊的同时必须经由职业病诊断机构确认为中暑后才能算作职业病。所以，职工中暑后最好到当地职业病诊断机构就诊。

职工因职业中暑被认定为工伤之后，如所在的企业参加了工伤保险，应按规定由工伤保险基金全额支付职工医疗及康复性治疗的费用等；如所在企业没有替职工购买工伤保险，则上述费用全部由企业支付。企业拒不支付相关费用的，职工可向劳动监察部门投诉或直接向劳动仲裁部门申请仲裁，对仲裁不服的还可向法院提起诉讼。

法律依据

《工伤保险条例》第十四条

52. 申请职业病诊断和鉴定需要提交什么材料？

法律咨询

小吴近日身上奇痒难忍，医院诊断为“皮肤过敏”。他觉得这跟他从事的布料行业有关，就想去指定的医疗卫生机构诊断和鉴定自己患的病是不是职业病。但是小吴目前最大的困扰是：申请职业病诊断和鉴定需要提交什么材料呢？

律师答疑

根据《职业病诊断与鉴定管理办法》第21～28条的规定，劳动者依法要求进行职业病诊断的，职业病诊断机构不得拒绝劳动者进行职业病诊断的要求，并告知劳动者职业病诊断的程序和所需材料。劳动者应当填写《职业病诊断就诊登记表》，并提供本人掌握的职业病诊断有关资料。职业病诊断机构进行职业病诊断时，应当书面通知劳动者所在的用人单位提供以下资料：(1)劳动者职业史和职业病危害接触史（包括在岗时间、工种、岗位、接触的职业病危害因素名称等）；(2)劳动者职业健康检查结果；(3)工作场所职业病危害因素检测结果；(4)职业性放射性疾病诊断还需要个人剂量监测档案等资料。

劳动者对用人单位提供的工作场所职业病危害因素检测结果等资料有异议，或者因劳动者的用人单位解散、破产，无用人单位提供上述资料的，职业病诊断机构应当依法提请用人单位所在地卫生健康主管部门进行调查。

职业病诊断机构需要了解工作场所职业病危害因素情况时，可以对工作场所进行现场调查，也可以依法提请卫生健康主管部门组织现场调查。卫生健康主管部门应当在接到申请之日起30日内完成现场调查。

在确认劳动者职业史、职业病危害接触史时，当事人对劳动关系、工种、工作岗位或者在岗时间有争议的，职业病诊断机构应当告知当事人依法向用人单位所在地的劳动人事争议仲裁委员会申请仲裁。

当事人对职业病诊断机构作出的职业病诊断有异议的，可以在接到职业病诊断证明书之日起 30 日内，向作出诊断的职业病诊断机构所在地设区的市级卫生健康主管部门申请鉴定。根据《职业病诊断与鉴定管理办法》第 43 条的规定，当事人申请职业病诊断鉴定时，应当提供以下资料：（1）职业病诊断鉴定申请书；（2）职业病诊断证明书；（3）申请省级鉴定的还应当提交市级职业病诊断鉴定书。

法律依据

《职业病诊断与鉴定管理办法》第二十一条至第二十八条、第三十四条、第四十三条

53. 劳动者居住地和用人单位所在地不一致的，应在哪里申请职业病诊断？

法律咨询

小林大学毕业之后就进入了一家研究放射性物质的公司。在某次公司组织的职工权益保障专题培训当中，小林了解到职业病的诊断需要由特定的医疗卫生机构来办理，但是他还是有疑问：自己的居住地和公司所在地不一致，应该去哪里申请职业病诊断呢？

律师答疑

《职业病防治法》第 44 条规定，劳动者可以在用人单位所在

地、本人户籍所在地或者经常居住地依法承担职业病诊断的医疗卫生机构进行职业病诊断。也就是说，劳动者原则上可以选择用人单位所在地、本人户籍所在地或者经常居住地之一的医疗卫生机构进行诊断。

同时，《卫生部关于对异地职业病诊断有关问题的批复》指出：(1)根据《职业病防治法》的有关规定，劳动者可以选择用人单位所在地或本人居住地的职业病诊断机构申请职业病诊断，在申请诊断时应当提供既往诊断活动资料。某一诊断机构已作出职业病诊断的，在没有新的证据资料时，其他诊断机构不再进行重复诊断。(2)在尘肺病诊断中涉及晋级诊断的，原则上应当在原诊断机构进行诊断。对职业病诊断结论不服的，应当按照《职业病诊断与鉴定管理办法》申请鉴定，而不宜寻求其他机构再次诊断。(3)职业病诊断机构应当严格按照《职业病诊断与鉴定管理办法》的规定进行诊断；凡违反规定作出的诊断结论，应当视为无效诊断。

法律依据

《中华人民共和国职业病防治法》第四十四条

《卫生部关于对异地职业病诊断有关问题的批复》

一、根据《职业病防治法》的有关规定，劳动者可以选择用人单位所在地或本人居住地的职业病诊断机构申请职业病诊断，在申请诊断时应当提供既往诊断活动资料。某一诊断机构已作出职业病诊断的，在没有新的证据资料时，其他诊断机构不再进行重复诊断。

二、在尘肺病诊断中涉及晋级诊断的，原则上应当在原诊断机构进行诊断。对职业病诊断结论不服的，应当按照《职业病诊断与鉴定管理办法》申请鉴定，而不宜寻求其他机构再次诊断。

三、职业病诊断机构应当严格按照《职业病诊断与鉴定管理办法》的规定进行诊断，凡违反规定作出的诊断结论，应当视为无效诊断。

54. 职业病患者对职业病诊断机构的诊断结论不服的，如何申请鉴定？

法律咨询

小刘是某建筑队负责隧道维护的员工。最近几个月，小刘总是觉得耳朵不适，经医院确诊为右耳突聋。后小刘决定去申请职业病诊断，结果诊断机构作出的结论是“正常”。如果小刘对该诊断结论不服，他该怎么做呢？

律师答疑

根据《职业病防治法》第52条的规定，职业病患者对职业病诊断机构的诊断结论不服的，可以向作出诊断的医疗卫生机构所在地地方人民政府卫生行政部门申请鉴定。职业病诊断争议由设区的市级以上地方人民政府卫生行政部门根据当事人的申请，组织职业病诊断鉴定委员会进行鉴定。当事人对设区的市级职业病诊断鉴定委员会的鉴定结论不服的，可以向省、自治区、直辖市人民政府卫生行政部门申请再鉴定。

此外,《职业病诊断与鉴定管理办法》第34条、第35条也规定了当事人对职业病诊断机构做出的诊断结论不服的处理方式。当事人对职业病诊断机构作出的职业病诊断有异议的,可以在接到职业病诊断证明书之日起30日内,向作出诊断的职业病诊断机构所在地设区的市级卫生健康主管部门申请鉴定。职业病鉴定实行两级鉴定制,设区的市级职业病诊断鉴定委员会负责职业病诊断争议的首次鉴定。当事人对设区的市级职业病鉴定结论不服的,可以在接到诊断鉴定书之日起15日内,向原鉴定组织所在地省级卫生健康主管部门申请再鉴定;省级鉴定为最终鉴定。

法律依据

《职业病防治法》第五十二条

《职业病诊断与鉴定管理办法》第三十四条、第三十五条

Chapter 4

第四章

工伤伤残鉴定

55. 工伤伤残鉴定的最佳时间是什么时候？

法律咨询

某日凌晨，小曹在单位工作时，因行车工操作失误导致其左膝盖被砸伤，当时伤情较为严重，但在送去医院检查敷药之后就感觉不太严重了。小曹的朋友李某让他赶紧去做工伤鉴定，而妻子却认为至少等其膝盖痊愈再去鉴定。那么，工伤伤残鉴定的最佳时间是什么时候呢？

律师答疑

职工经治疗伤情相对稳定后仍存在残疾，影响劳动能力的，应当进行伤残鉴定。一般而言，伤残等级鉴定是在工伤医疗期满时进行的；如果医疗期尚未届满，但是病情处于相对稳定阶段，工伤职工也可以进行伤残等级鉴定。由于伤残性质、健康恢复状况、单位和个人的实际情况不同，对不同的个人、不同的伤残状况确定的医疗期限不一样，进行鉴定的最佳时间也不尽相同；因此不可能在此具体地作出介绍，只能对各种致残情况分门别类地作一个大致的介绍，实务中还需依照个人实际情况作出具体的判断。各种致残情况大致分为三类：

（1）器官损伤。器官损伤是工伤造成某人体器官肢体的直接损伤或者缺失，如手被机器绞断等；另外，由于器官功能严重衰竭，肢体严重损伤、感染而采取的器官切除和截肢手术也可以包括在器官损伤中。虽然器官的损伤缺失较为直观和具体，评定分级也有严格清晰的限定，在损伤发生或者器官切除、修补时就可以判定伤残等级；但是，对器官损伤的鉴定要等到临床手术后修复创伤、伤口愈合以后进行，一旦临床上治愈或好转（主要指伤口愈合），就可以进行伤残等级鉴定。

（2）功能障碍。《劳动能力鉴定　职工工伤与职业病致残等级》在总则部分规定，对功能障碍的判定，应以评定伤残等级技术鉴定时的医疗检查结果为依据。

（3）职业病损伤。同意外事故造成的工伤致残不一样，职业病对人体的损害主要是内科伤害，而且病情可能在不同时间有变化，很难有准确的医疗终止期。所以，职业病没有一个最佳的评定时间，只有一个相对的评定时间，而且进行伤残评定之后不像意外事故造成的工伤评定那样基本稳定。

法律依据

《工伤保险条例》第二十一条

56. 申请劳动能力鉴定应当提交哪些材料？

法律咨询

小孙是某钢厂的员工，某日在工作当中右臂被铁水烫伤，花了很多的医疗费用。出院之后，小孙感觉自己右手无法抬重物，手劲儿大不如以前。小孙在法学院学习的表妹建议他去做个劳动能力鉴定，看看是否是之前的工伤所致。但是小孙有疑惑：申请劳动能力鉴定需要提交什么材料呢？

律师答疑

劳动能力鉴定由用人单位、工伤职工或者其近亲属向设区的市级劳动能力鉴定委员会提出申请，并提供工伤认定决定和职工工伤医疗的有关资料。

申报劳动能力鉴定所需的常规材料及要求如下：

（1）填写劳动能力鉴定申请表，表上贴上本人的近期一寸免冠照片，若有单位负责则压照片盖上单位公章；个人申请需提供单位名称、单位详细地址、单位联系人姓名及电话，并且当场通知单位联系人。

（2）工伤认定决定书原件及复印件。

（3）携带被鉴定人本人身份证原件及复印件。

（4）提供完整连续的病历材料。其中，职工住院的，需要提供住院病志原件（持患者本人身份证到医院病案室复印病志，同时加盖医院病案管理专用章之后即病志原件），原件被鉴定中心保留，再用可以去病案室再提。未住院的需提供急诊或门诊的病志原件及复印件、诊断书及辅助检查报告单原件及复印件。

除此之外，劳动能力鉴定委员会收到劳动能力鉴定申请后，应当从其建立的医疗卫生专家库中随机抽取相关专家组成专家组，由专家组提出鉴定意见。然后，根据专家组的鉴定意见作出工伤职工劳动能力鉴定结论；必要时，可以委托具备资格的医疗机构协助进行有关的诊断。劳动能力鉴定委员会组成人员或者参加鉴定的专家与当事人有利害关系的，应当回避。

设区的市级劳动能力鉴定委员会应当自收到劳动能力鉴定申请之日起 60 日内作出劳动能力鉴定结论，必要时，作出劳动能力鉴定结论的期限可以延长 30 日。劳动能力鉴定结论应当及时送达申请鉴定的单位和个人。

法律依据

《工伤保险条例》第二十三条、第二十五条

57. 行政复议期间，工伤职工如何申请劳动能力鉴定？

法律咨询

黄某2017年在工作中受伤，但其所在单位一直没有为其申报工伤，黄某便自己去申报了。2018年，黄某所受伤害被认定为工伤，后他去申请劳动能力鉴定时却被劳动能力鉴定委员会以“要等到2个月的行政复议期满后确定没有进行行政复议的，才予以受理鉴定申请”为由不予受理。请问：当地的劳动能力鉴定委员会的做法是否正确呢？

律师答疑

劳动能力鉴定委员会作出的不予受理的决定是错误的。根据《工伤保险条例》第21条和第22条第1款的规定，劳动能力鉴定，是指在职工发生工伤，经治疗伤情相对稳定，存在残疾、影响劳动能力时，对劳动功能障碍程度和生活自理障碍程度进行的等级鉴定。由此可知，进行劳动能力鉴定需要具备的条件：(1)被认定为工伤；(2)伤情稳定(停工留薪期满)。《工伤认定决定书》

作为社会保险行政部门作出的具体行政行为，属于行政确认；所以，《工伤认定决定书》自作出并送达后即发生法律效力，产生拘束力、确定力、执行力。《工伤保险条例》《工伤认定办法》同时规定了对于作出的《认定工伤决定书》不服，有申请行政复议的权利；但是根据《行政复议法》第21条的规定，行政复议期间具体行政行为不停止执行。换句话说，即便职工对《工伤认定决定书》不服，申请了行政复议、行政诉讼，在行政复议、诉讼期间仍然不影响《工伤认定决定书》的效力。也就是说，只要《工伤认定决定书》没有被撤销，就是有效的认定结论。工伤职工可以依据《工伤认定决定书》向设区的市级劳动能力鉴定委员会申请劳动能力鉴定。那么根据劳动能力鉴定的条件规定，只要病情稳定，就可以申请劳动能力鉴定。所以，黄某可以通过以下途径寻求问题的解决：第一，找其上级单位寻求帮助；第二，聘请律师代为办理劳动能力鉴定；第三，起诉劳动能力鉴定委员会，告其行政不作为。

法律依据

《工伤保险条例》第二十一条

《中华人民共和国行政复议法》

第二十一条 行政复议期间具体行政行为不停止执行；但是，有下列情形之一的，可以停止执行：

(一)被申请人认为需要停止执行的；

(二)行政复议机关认为需要停止执行的；

(三)申请人申请停止执行，行政复议机关认为其要求合理，决定停止执行的；

(四)法律规定停止执行的。

58. 单位不按时为职工申请劳动能力等级鉴定的，职工个人可否申请鉴定？

法律咨询

小邓在某次工作中摔倒导致后脊椎受伤，严重影响了其劳动能力。在顺利做完工伤认定之后，小邓想让公司帮忙申请劳动能力等级的鉴定，但是公司每次都以各种理由拒绝。小邓想问：单位不按时为职工申请劳动能力等级鉴定的，职工个人可以申请吗？

律师答疑

劳动能力鉴定由用人单位、工伤职工或者其近亲属向设区的市级劳动能力鉴定委员会提出申请，并提供工伤认定决定和职工工伤医疗的有关资料。申请鉴定的单位或者个人对设区的市级劳动能力鉴定委员会作出的鉴定结论不服的，可以在收到该鉴定结论之日起 15 日内向省、自治区、直辖市劳动能力鉴定委员会提出再次鉴定申请。省、自治区、直辖市劳动能力鉴定委员会作出的劳动能力鉴定结论为最终结论。因此，单位不按时为职工申请劳动能力等级鉴定的，职工个人可以申请鉴定。

法律依据

《工伤保险条例》第二十三条、第二十六条

59. 职工对伤残等级鉴定结论不服的，能否提起行政复议或诉讼？

法律咨询

王某在执行某次工作任务的过程中小脚趾骨折，后向有关部门申请工伤伤残等级认定，认定的伤残等级为十级。但王某认为自己伤势严重，花了很多的医疗费，且长时间不能正常走路，肯定超过十级伤残。那么，王某对伤残等级鉴定结论不服，能否提起行政复议或者诉讼呢？

律师答疑

《工伤保险条例》第26条规定，申请鉴定的单位或者个人对设区的市级劳动能力鉴定委员会作出的鉴定结论不服的，可以在收到该鉴定结论之日起15日内向省、自治区、直辖市劳动能力鉴定委员会提出再次鉴定申请。省、自治区、直辖市劳动能力鉴定委员会作出的劳动能力鉴定结论为最终结论。自劳动能力鉴定结论作出之日起1年后，工伤职工或者其近亲属、所在单位或者经办机构认为伤残情况发生变化的，可以申请劳动能力复查鉴定。

《人力资源社会保障行政复议办法》第8条第3项规定，公民、法人或者其他组织对劳动能力鉴定委员会的行为，不能申请行政复议。所以，王某对伤残等级鉴定结论不服，不能提起行政复议或行政诉讼。

法律依据

《工伤保险条例》第二十六条、第二十八条

《人力资源社会保障行政复议办法》

第八条　公民、法人或者其他组织对下列事项，不能申请行政复议：

（一）人力资源社会保障部门作出的行政处分或者其他人事处理决定；

（二）劳动者与用人单位之间发生的劳动人事争议；

（三）劳动能力鉴定委员会的行为；

（四）劳动人事争议仲裁委员会的仲裁、调解等行为；

（五）已就同一事项向其他有权受理的行政机关申请行政复议的；

（六）向人民法院提起行政诉讼，人民法院已经依法受理的；

（七）法律、行政法规规定的其他情形。

60. 职工旧病复发的，能否再申请劳动能力鉴定？

法律咨询

胡某是某商贸公司的员工，2016年在公司组织的活动中受伤入院，经当地劳动保障部门认定为工伤，后又被认定为七级伤残。一年后，胡某因同一部位疼痛再次入院，胡某的亲属要求公司对劳动能力再次鉴定，但遭到公司拒绝。请问：职工旧病复发，能否再申请劳动能力鉴定呢？

律师答疑

《工伤保险条例》规定，自劳动能力鉴定结论作出之日起 1 年后，工伤职工或者其近亲属、所在单位或者经办机构认为伤残情况发生变化的，可以申请劳动能力复查鉴定。所以，职工旧病复发，可以再申请劳动能力鉴定。

法律依据

《工伤保险条例》

第二十八条 自劳动能力鉴定结论作出之日起 1 年后，工伤职工或者其近亲属、所在单位或者经办机构认为伤残情况发生变化的，可以申请劳动能力复查鉴定。

Chapter 5

第五章

工伤待遇与赔偿纠纷

61. 职工未签订劳动合同，但形成事实劳动关系的，因工负伤可以享受工伤保险待遇吗？

法律咨询

王某在宾馆学习烹调，经实习于同年入宾馆做厨师，双方并没有签订劳动合同。某日晚，因餐厅的灶火不足，负责人指派其到柴油库查看情况。由于柴油库内无照明和警示标志，王某打开打火机照明，油库起火致使王某被烧伤。宾馆共支付王某各项费用41286.59元。试问：职工未签订劳动合同，但形成事实劳动关系的，因工负伤能否享受工伤保险待遇？

律师答疑

职工未签订劳动合同，但形成事实劳动关系的，应当享受相应的工伤保险待遇。用人单位未与劳动者签订劳动合同，认定双方存在劳动关系时可参照下列凭证：(1)工资支付凭证或记录(职工工资发放花名册)、缴纳各项社会保险费的记录；(2)用人单位向劳动者发放的工作证、服务证等能够证明身份的证件；(3)劳动者填写的用人单位招工招聘登记表、报名表等招用记录；(4)考勤记录；(5)其他劳动者的证言等。

法律依据

《劳动和社会保障部关于确立劳动关系有关事项的通知》

二、用人单位未与劳动者签订劳动合同，认定双方存在劳动关系时可参照下列凭证：

（一）工资支付凭证或记录（职工工资发放花名册）、缴纳各项社会保险费的记录；

（二）用人单位向劳动者发放的“工作证”、“服务证”等能够证明身份的证件；

（三）劳动者填写的用人单位招工招聘“登记表”、“报名表”等招用记录；

（四）考勤记录；

（五）其他劳动者的证言等。

其中，（一）、（三）、（四）项的有关凭证由用人单位负举证责任。

62. 试用期内的职工，是否享受工伤待遇？

法律咨询

小张去一家建筑公司应聘，经过层层面试，该公司同意录取小张，不过双方约定了3个月的试用期。试用期间，小张在户外作业时不幸被钢筋插入腹部，后经医院抢救并无生命危险，但留下了严重的后遗症。试问：试用期内的员工，受伤后能够享受工伤待遇吗？

律师答疑

根据《劳动法》和《劳动合同法》的相关规定，劳动者与用人单位之间自实际用工之日起建立劳动关系，建立劳动关系应签订书面的劳动合同。劳动合同可以约定试用期，试用期最长不超过

6个月，且包含在劳动合同的期限之内；当然也可以不约定试用期。试用期是指用人单位和劳动者为了相互了解、选择而依法约定的考察期。试用期期间，劳动者和用人单位之间的劳动关系已经形成。试用期对劳动者的影响仅仅表现在解除劳动合同和工资待遇方面，对工伤待遇没有影响。从工伤待遇的宗旨来看，其也不应当受试用期的影响。法律上只是规定用人单位有义务为职工缴纳工伤保险费，并没有区分正式职工与试用期内的职工。

另依据《工伤保险条例》第2条的规定，中华人民共和国境内的企业、事业单位、社会团体、民办非企业单位、基金会、律师事务所、会计师事务所等组织和有雇工的个体工商户应当依照该条例规定参加工伤保险，为本单位全部职工或者雇工缴纳工伤保险费。中华人民共和国境内的企业、事业单位、社会团体、民办非企业单位、基金会、律师事务所、会计师事务所等组织的职工和个体工商户的雇工，均有依照该条例的规定享受工伤保险待遇的权利。

法律依据

《中华人民共和国劳动合同法》

第十九条 劳动合同期限三个月以上不满一年的，试用期不得超过一个月；劳动合同期限一年以上不满三年的，试用期不得超过二个月；三年以上固定期限和无固定期限的劳动合同，试用期不得超过六个月。

同一用人单位与同一劳动者只能约定一次试用期。

以完成一定工作任务为期限的劳动合同或者劳动合同期限不满三个月的，不得约定试用期。

试用期包含在劳动合同期限内。劳动合同仅约定试用期的，试用期不成立，该期限为劳动合同期限。

《中华人民共和国劳动法》

第二十一条　劳动合同可以约定试用期。试用期最长不得超过六个月。

《中华人民共和国工伤保险条例》

第二条　中华人民共和国境内的企业、事业单位、社会团体、民办非企业单位、基金会、律师事务所、会计师事务所等组织和有雇工的个体工商户（以下称用人单位）应当依照本条例规定参加工伤保险，为本单位全部职工或者雇工（以下称职工）缴纳工伤保险费。

中华人民共和国境内的企业、事业单位、社会团体、民办非企业单位、基金会、律师事务所、会计师事务所等组织的职工和个体工商户的雇工，均有依照本条例的规定享受工伤保险待遇的权利。

63. 职工工伤后享受的工伤保险待遇包括哪些内容？

法律咨询

老李是一家纺织厂的员工，在该厂工作多年。2016 年 6 月 4 日，老李在车间作业时不慎被机器挤伤右手，造成右手无名指断裂。事故发生后，该工厂为老李申请了工伤认定；经过社会保险行政部门的调查核实，认定老李所受伤害属于工伤。试问：职工工伤后享有的工伤保险待遇包括哪些内容？

律师答疑

职工工伤后，可以依照相关规定，享受工伤待遇。

《工伤保险条例》第30条规定，职工因工作遭受事故伤害或者患职业病进行治疗，享受工伤医疗待遇。职工治疗工伤应当在签订服务协议的医疗机构就医，情况紧急时可以先到就近的医疗机构急救。治疗工伤所需费用符合工伤保险诊疗项目目录、工伤保险药品目录、工伤保险住院服务标准的，从工伤保险基金支付。工伤保险诊疗项目目录、工伤保险药品目录、工伤保险住院服务标准，由国务院社会保险行政部门会同国务院卫生行政部门、食品药品监督管理部门等部门规定。职工住院治疗工伤的伙食补助费，以及经医疗机构出具证明，报经办机构同意，工伤职工到统筹地区以外就医所需的交通、食宿费用从工伤保险基金支付，基金支付的具体标准由统筹地区人民政府规定。工伤职工治疗非工伤引发的疾病，不享受工伤医疗待遇，按照基本医疗保险办法处理。工伤职工到签订服务协议的医疗机构进行工伤康复的费用，符合规定的，从工伤保险基金支付。

《工伤保险条例》第32条、第33条规定，工伤职工因日常生活或者就业需要，经劳动能力鉴定委员会确认，可以安装假肢、矫形器、假眼、假牙和配置轮椅等辅助器具，所需费用按照国家规定的标准从工伤保险基金支付。职工因工作遭受事故伤害或者患职业病需要暂停工作接受工伤医疗的，在停工留薪期内，原工资福利待遇不变，由所在单位按月支付。停工留薪期一般不超过12个月。伤情严重或者情况特殊，经设区的市级劳动能力鉴定委员会确认，可以适当延长，但延长不得超过12个月。工伤职工评定伤残等级后，停发原待遇，按照《工伤保险条例》第五章的有关规定享受伤残待遇。工伤职工在停工留薪期满后仍需治疗的，继续享受工伤医疗待遇。生活不能自理的工伤职工在停工留薪期需要护理的，由所在单位负责。

《工伤保险条例》第34条规定，工伤职工已经评定伤残等级并经劳动能力鉴定委员会确认需要生活护理的，从工伤保险基金按月支付生活护理费。生活护理费按照生活完全不能自理、生活大部分不能自理或者生活部分不能自理三个不同等级支付，其标准分别为统筹地区上年度职工月平均工资的50%、40%或者30%。

《工伤保险条例》第35条规定，职工因工致残被鉴定为一级至四级伤残的，保留劳动关系，退出工作岗位，享受以下待遇：(1)从工伤保险基金按伤残等级支付一次性伤残补助金。标准为：一级伤残为27个月的本人工资，二级伤残为25个月的本人工资，三级伤残为23个月的本人工资，四级伤残为21个月的本人工资。(2)从工伤保险基金按月支付伤残津贴。标准为：一级伤残为本人工资的90%，二级伤残为本人工资的85%，三级伤残为本人工资的80%，四级伤残为本人工资的75%。伤残津贴实际金额低于当地最低工资标准的，由工伤保险基金补足差额。(3)工伤职工达到退休年龄并办理退休手续后，停发伤残津贴，按照国家有关规定享受基本养老保险待遇。基本养老保险待遇低于伤残津贴的，由工伤保险基金补足差额。职工因工致残被鉴定为一级至四级伤残的，由用人单位和职工个人以伤残津贴为基数，缴纳基本医疗保险费。

《工伤保险条例》第36条规定，职工因工致残被鉴定为五级、六级伤残的，享受以下待遇：(1)从工伤保险基金按伤残等级支付一次性伤残补助金。标准为：五级伤残为18个月的本人工资，六级伤残为16个月的本人工资。(2)保留与用人单位的劳动关系，由用人单位安排适当工作。难以安排工作的，由用人单位按月发给伤残津贴,标准为:五级伤残为本人工资的70%,六级伤残为本人工资的60%,并由用人单位按照规定为其缴纳应缴纳的各项社会保险费。伤残津贴实际金额低于当地最低工资标准的,由用人单位补足差额。经工伤职工本人提出,该职工可以与用人单位解除或者终止劳动关系,由工伤保险基金支付一次性工伤医疗补助金,由用人单位支付一次性伤残就业补助金。一次性工伤医疗补助金和一次性伤残就业补助金的具体标准由省、自治区、直辖市人民政府规定。

《工伤保险条例》第37条规定,职工因工致残被鉴定为七级至十级伤残的,享受以下待遇:(1)从工伤保险基金按伤残等级支付一次性伤残补助金。标准为:七级伤残为13个月的本人工资,八级伤残为11个月的本人工资,九级伤残为9个月的本人工资,十级伤残为7个月的本人工资。(2)劳动、聘用合同期满终止,或者职工本人提出解除劳动、聘用合同的,由工伤保险基金支付一次性工伤医疗补助金,由用人单位支付一次性伤残就业补助金。一次性工伤医疗补助金和一次性伤残就业补助金的具体标准由省、自治区、直辖市人民政府规定。

《工伤保险条例》第39条规定,职工因工死亡,其近亲属按照下列规定从工伤保险基金领取丧葬补助金、供养亲属抚恤金和一次性工亡补助金:(1)丧葬补助金为6个月的统筹地区上年度职工月平均工资。(2)供养亲属抚恤金按照职工本人工资的一定比例发给由因工死亡职工生前提供主要生活来源、无劳动能力的亲属。标准为:配偶每月40%,其他亲属每人每月30%,孤寡老人或者孤儿每人每月在上述标准的基础上增加10%。核定的各供养亲属的抚恤金之和不应高于因工死亡职工生前的工资。供养亲属的具体范围由国务院社会保险行政部门规定。(3)一次性工亡补助金标准为上一年度全国城镇居民人均可支配收入的20倍。伤残职工在停工留薪期内因工伤导致死亡的，其近亲属享受前述第1项规定的待遇。一级至四级伤残职工在停工留薪期满后死亡的，其近亲属可以享受前述第1项、第2项规定的待遇。

此外，根据《人力资源社会保障部关于执行〈工伤保险条例〉若干问题的意见（二）》的规定，一级至四级工伤职工死亡，其近亲属同时符合领取工伤保险丧葬补助金、供养亲属抚恤金待遇和职工基本养老保险丧葬补助金、抚恤金待遇条件的，由其近亲属选择领取工伤保险或职工基本养老保险其中一种。

法律依据

《工伤保险条例》第三十条至第四十一条

《人力资源社会保障部关于执行〈工伤保险条例〉若干问题的意见（二）》一

64. 职工因工伤发生的费用中，哪些由工伤保险基金支付，哪些又该由用人单位支付？

法律咨询

小郑是一家私企的司机。某日，小郑受领导指派送公司的会计去银行办事，途中与一辆货车发生碰撞，造成小郑左腿踝骨骨折。事故发生后，该公司将小郑送到医院救治，并为其申请了工伤认定。那么，小郑因工伤花费的费用中，哪些由工伤保险基金支付，哪些又该由用人单位支付呢？

律师答疑

根据《社会保险法》第38条和第40条的规定,因工伤发生的下列费用,按照国家规定从工伤保险基金中支付:(1)治疗工伤的医疗费用和康复费用;(2)住院伙食补助费;(3)到统筹地区以外就医的交通食宿费;(4)安装配置伤残辅助器具所需费用;(5)生活不能自理的,经劳动能力鉴定委员会确认的生活护理费;(6)一次性伤残补助金和一级至四级伤残职工按月领取的伤残津贴;(7)终止或者解除劳动合同时,应当享受的一次性医疗补助金;(8)因工死亡的,其遗属领取的丧葬补助金、供养亲属抚恤金和因工死亡补助金(因工死亡补助金标准为工伤发生时上一年度全国城镇居民人均可支配收入的20倍);(9)劳动能力鉴定费。工伤职工符合领取基本养老金条件的,停发伤残津贴,享受基本养老保险待遇。基本养老保险待遇低于伤残津贴的,从工伤保险基金中补足差额。

根据《社会保险法》第39条的规定,因工伤发生的下列费用,按照国家规定由用人单位支付:(1)治疗工伤期间的工资福利(按照《工伤保险条例》第33条有关职工在停工留薪期内应当享受的工资福利和护理等待遇的规定执行);(2)五级、六级伤残职工按月领取的伤残津贴;(3)终止或者解除劳动合同时,应当享受的一次性伤残就业补助金。

法律依据

《中华人民共和国社会保险法》

第三十八条 因工伤发生的下列费用,按照国家规定从工伤保险基金中支付:

(一)治疗工伤的医疗费用和康复费用;

（二）住院伙食补助费；

（三）到统筹地区以外就医的交通食宿费；

（四）安装配置伤残辅助器具所需费用；

（五）生活不能自理的，经劳动能力鉴定委员会确认的生活护理费；

（六）一次性伤残补助金和一至四级伤残职工按月领取的伤残津贴；

（七）终止或者解除劳动合同时，应当享受的一次性医疗补助金；

（八）因工死亡的，其遗属领取的丧葬补助金、供养亲属抚恤金和因工死亡补助金；

（九）劳动能力鉴定费。

第三十九条　因工伤发生的下列费用，按照国家规定由用人单位支付：

（一）治疗工伤期间的工资福利；

（二）五级、六级伤残职工按月领取的伤残津贴；

（三）终止或者解除劳动合同时，应当享受的一次性伤残就业补助金。

第四十条　工伤职工符合领取基本养老金条件的，停发伤残津贴，享受基本养老保险待遇。基本养老保险待遇低于伤残津贴的，从工伤保险基金中补足差额。

《工伤保险条例》第三十三条

65. 工伤之后，劳动者与用人单位达成的私了协议是否有效？

法律咨询

常某是一家机械加工厂的员工，在一次焊接作业中不慎误伤眼睛，造成左眼失明。该工厂对于此事故既没有向主管部门上报，也没有为常某申请工伤认定，而是私下与常某达成协议，一次性给付常某30万元，常某不再追究其责任。那么，对于此类工伤事故，劳动者与用人单位达成的私了协议是否有效？

律师答疑

劳动者发生工伤以后，用人单位私下与劳动者就工伤赔偿达成协议的情况越来越多。那么这种工伤私了的协议（以下简称协议）的法律效力究竟如何呢？这是一个复杂的问题，可分以下三种情况具体分析：

（1）工伤发生后，如果用人单位既未向主管部门上报，又未向劳动保障部门申请认定工伤，则在这种情况下达成的协议是无效的。因为该行为属隐瞒不报，逃脱了劳动监察部门的监管，最终破坏了国家的劳动安全制度，也损害了劳动者的健康权利，违反了法律强制性规定，依据《民法典》第53条的规定，该协议自始无效。

该行为违反法律强制性规定的理由如下：首先，根据《劳动法》第57条的规定，国家建立伤亡事故和职业病统计报告处理制度，县级以上各级人民政府劳动行政部门、有关部门和用人单位应当依法对劳动者在劳动过程中发生的伤亡事故和劳动者的职业病状况进行统计、报告和处理。该法条规定用人单位对待工伤的行为标准是“应当……进行统计、报告和处理”，是具有强制性的。其次，《安全生产法》第83条第2款规定，单位负责人接到事故报告后应当迅速采取有效措施组织抢救，并按照国家有关规定立即如实报告当地负有安全生产监督管理职责的部门，不得隐瞒不报、谎报或迟报，不得故意破坏事故现场、毁灭有关证据。该法条规范用人单位的“单位负责人……立即如实报告……不得隐瞒不报、谎报或者迟报……”，属强制性规范。最后，《工伤认定办法》也规定，职工发生事故伤害或者按照《职业病防治法》规定被诊断为职业病，所在单位应当自事故伤害发生之日或者被诊断、鉴定为职业病之日起30日内，向统筹地区社会保险行政部门提出工伤认定申请。该法条同样规范用人单位的行为标准是“应当……提出工伤认定申请”，属强制性规定。

（2）工伤发生后，如果用人单位及时向行政主管部门上报，并启动工伤认定程序，那么在这种情况下达成的私了协议是有效的。因为劳动法赋予用人单位与劳动者自行和解的权利，这种权利的行使是在遵守国家安全劳动制度的前提下完成的。

根据《劳动法》第77条第1款的规定，用人单位与劳动者发生劳动争议，当事人可以依法申请调解、仲裁、提起诉讼，也可以协商解决。由此可以看出，法律是允许用人单位和劳动者对劳动纠纷（自然包括工伤纠纷）协商调解的。法律之所以允许对此进行协商调解，是因为这种协商既体现了双方当事人的意思自治原则，又节省了大量的仲裁或诉讼的成本，节约了社会资源，对社会的进步发展是有利的。同时《民法典》第143条规定，具备下列条件的民事法律行为有效：①行为人具有相应的民事行为能力；②意思表示真实；③不违反法律、行政法规的强制性规定，不违背公序良俗。因此，只要双方具有完全民事行为能力，协议的内容又是真实的，在用人单位上报主管部门的前提下，工伤私了协议是合法有效的。

（3）工伤发生后，如果用人单位及时向行政主管部门上报，并启动工伤认定程序，但达成的私了协议的赔偿金额低于法定工伤待遇标准，此协议是可以申请变更或撤销的；申请变更或撤销前，协议是有效的。

例如，劳动者发生工伤后，法定工伤待遇应是15万元，但协议赔偿金额是10万元，那么此时其可以申请法院或仲裁机构变更或撤销该协议，追索应该得到而没有得到的另外5万元。根据《最高人民法院关于审理劳动争议案件适用法律问题的解释（一）》第53条第2款的规定，对于追索劳动报酬、养老金、医疗费以及工伤保险待遇、经济补偿金、培训费及其他相关费用等案件，给付数额不当的，人民法院可以予以变更。此外，《民法典》第147条、第151条规定，基于重大误解实施的民事法律行为，一方利用对方处于危困状态、缺乏判断能力等情形，致使民事法律行为成立时显失公平的，相关行为人可以请求人民法院或者仲裁机构予以撤销。

由此可见，同样一份工伤私了协议，可能出现有效、无效、可变更或可撤销三种情况，不能一概而论地定性为有效或无效。

法律依据

《中华人民共和国劳动法》

第五十七条 国家建立伤亡事故和职业病统计报告和处理制度。县级以上各级人民政府劳动行政部门、有关部门和用人单位应当依法对劳动者在劳动过程中发生的伤亡事故和劳动者的职业病状况，进行统计、报告和处理。

第七十七条　用人单位与劳动者发生劳动争议，当事人可以依法申请调解、仲裁、提起诉讼，也可以协商解决。

调解原则适用于仲裁和诉讼程序。

《中华人民共和国民法典》

第一百四十七条　基于重大误解实施的民事法律行为，行为人有权请求人民法院或者仲裁机构予以撤销。

第一百五十一条　一方利用对方处于危困状态、缺乏判断能力等情形，致使民事法律行为成立时显失公平的，受损害方有权请求人民法院或者仲裁机构予以撤销。

《最高人民法院关于审理劳动争议案件适用法律问题的解释（一）》

第五十三条　用人单位对劳动者作出的开除、除名、辞退等处理，或者因其他原因解除劳动合同确有错误的，人民法院可以依法判决予以撤销。

对于追索劳动报酬、养老金、医疗费以及工伤保险待遇、经济补偿金、培训费及其他相关费用等案件，给付数额不当的，人民法院可以予以变更。

《工伤认定办法》第四条

66. 劳动者与用人单位达成工伤赔偿协议后，能否以待遇偏低为由反悔？

法律咨询

王某系某煤矿公司工人。某日，王某在井下采煤时，因瓦斯燃烧，全身被大面积烧伤。公司支付了王某医疗费、护理费和生活费，并与王某签订了受伤补偿协议。后王某反悔，申请了工伤认定；该公司对工伤认定结果不服，提起了诉讼。那么，劳动者与用人单位达成工伤赔偿协议后，能否以待遇偏低为由反悔？

律师答疑

虽然职工与公司签订的工伤赔偿协议属双方自愿签订，但如果协议签订时未申请工伤认定，亦未作伤残等级鉴定，且约定的补偿金额与《工伤保险条例》的规定差距太大，则该协议为显失公平的协议。所谓显失公平，是指一方当事人利用优势或利用对方没有经验、缺乏判断能力等，致使双方的权利义务明显违反公平、等价有偿原则的行为。根据《民法典》第151条的规定，一方利用对方处于危困状态、缺乏判断能力等情形，致使民事法律行为成立时显失公平的，受损害方有权请求人民法院或者仲裁机构予以撤销。

法律依据

《中华人民共和国劳动法》

第五十七条 国家建立伤亡事故和职业病统计报告和处理制度。县级以上各级人民政府劳动行政部门、有关部门和用人单位应当依法对劳动者在劳动过程中发生的伤亡事故和劳动者的职业病状况，进行统计、报告和处理。

第七十七条 用人单位与劳动者发生劳动争议，当事人可以依法申请调解、仲裁、提起诉讼，也可以协商解决。

调解原则适用于仲裁和诉讼程序。

《中华人民共和国民法典》

第一百五十一条　一方利用对方处于危困状态、缺乏判断能力等情形，致使民事法律行为成立时显失公平的，受损害方有权请求人民法院或者仲裁机构予以撤销。

67. 工伤赔偿协议达成后一方不履行怎么办？

法律咨询

甲是某电子加工厂的员工，在一次作业当中不慎被机器砸伤，造成左手手腕骨折。事故发生后，该工厂与甲进行了协商，双方就此次工伤事故问题达成了赔偿协议，但是单位却迟迟不履行协议。甲不得已向当地申请了劳动仲裁，单位却以已经超过仲裁时效作为抗辩理由，这种说法合法吗？

律师答疑

《劳动争议调解仲裁法》第 4 条、第 5 条规定，发生劳动争议，劳动者可以与用人单位协商解决。不愿协商、协商不成或者达成和解协议后不履行的，可以向调解组织申请调解；不愿调解、调解不成或者达成调解协议后不履行的，可以向劳动争议仲裁委员会申请仲裁；对仲裁裁决不服的，除本法另有规定的外，可以向人民法院提起诉讼。从上述规定可以看出，劳动争议发生后，当事人可以协商解决；这是最节约成本，也是最直接、最快捷的方法。

双方达成赔偿协议，说明双方已无争议，债权债务关系已经确定，只待履行即告消灭。一方不履行协议，另一方可以依据该赔偿协议向法院提起诉讼。因工伤赔偿事项已转变为债权债务关系，可以不经过劳动争议仲裁程序，自然不受申请仲裁期限的限制。也就是说，如果双方没有达成协议，那么双方的争议受仲裁时效约束；但是双方已经达成协议，就不再受仲裁时效的约束了。双方达成了协议，如果对方不履行协议，就相当于违约，可以起诉到法院，这时的纠纷就不在仲裁委员会的受理范围内了。

法律依据

《中华人民共和国劳动争议调解仲裁法》

第四条 发生劳动争议，劳动者可以与用人单位协商，也可以请工会或者第三方共同与用人单位协商，达成和解协议。

第五条 发生劳动争议，当事人不愿协商、协商不成或者达成和解协议后不履行的，可以向调解组织申请调解；不愿调解、调解不成或者达成调解协议后不履行的，可以向劳动争议仲裁委员会申请仲裁；对仲裁裁决不服的，除本法另有规定的外，可以向人民法院提起诉讼。

68. 承包人的工人因工伤残的，发包人是否也要承担责任？

法律咨询

2016 年 7 月，A 施工队与 B 公司签订施工协议，将某工程交由 A 施工队承包施工，并约定工程施工中的安全事项由 A 施工队负责。同年10月，A施工队雇用民工王某、李某进行施工并按完成的工作量计付报酬。但在施工过程中，王某在未取得特种作业人员安全操作资格的情况下从事爆破工作，不幸被炸伤并被送往医院救治。王某出院后提起了赔偿诉讼。一审法院经审理认为：被告A施工队已依法取得用工权，虽然原告没有与其签订劳动合同，但双方形成事实劳动关系。原告是在劳动过程中受伤的，属工伤，且属二级伤残。被告A施工队应依法支付原告的医疗费、住院期间的伙食补助费等费用。被告A施工队和被告B公司签订的施工协议明确规定，安全事项由A施工队负责，上岗安全生产教育和安全生产的监督应由A施工队负责，B公司不应承担责任。故对原告的连带责任请求，不予支持。据此判决被告A施工队赔偿原告王某工伤损害385,457.08元，并驳回原告的其他诉讼请求。王某不服一审判决，提起上诉。二审法院经审理认为，双方争议焦点是被上诉人B公司是否应承担连带赔偿责任。由于B公司与A施工队共同雇用了上诉人，共同与上诉人形成劳动用工关系，应当承担工伤事故连带赔偿责任。故支持上诉人的请求。请问，承包人的工人因工伤残的，发包人是否也要承担责任？

律师答疑

对于发包人B公司应否承担连带责任问题，一审法院、二审法院存在不同看法。一审法院以施工协议约定安全事故B公司不承担责任为由，否认了B公司承担连带责任的请求。然而，在本次施工过程中B公司不仅扮演一个发包人的角色：其一，承包人A施工队在施工过程中需要爆破时，工人就从B公司的管理人员处领取炸药进行爆破。A施工队系个体户，不具备爆破作业的资质能力。如果在此过程中发生各类安全事故，B 公司均不承担责任，则明显违反了《劳动法》有关劳动安全保护责任的规定。其二，从实际施工过程来看，根据 A 施工队与 B 公司之间的施工协议，A 施工队的工程包工不包料，B 公司对工程的技术指导及监理方面均自行负责。据此，二审法院认为，A 施工队和 B 公司均与王某形成劳动用工关系，故应对王某的工伤赔偿款负连带责任。

从本案来看，B 公司与王某之间的关系，存在不同于用人单位与劳动者之间关系的地方：其一，王某并非 B 公司所聘请的员工，而是由 A 施工队聘用的工人；其二，王某并不遵守 B 公司的规章制度，其在施工过程中应接受 B 公司对工程的技术指导和监理，是就工程总体施工角度，而非就王某的劳动角度而言的；其三，王某并不是从 B 公司领取劳动报酬，而是从 A 施工队领取。根据《关于确立劳动关系有关事项的通知》的规定，B 公司并未与王某形成事实劳动关系，因此不应对其损害承担工伤赔偿责任。

B 公司不承担工伤赔偿责任并不意味着其对王某之损害没有责任。首先，B 公司与 A 施工队之间有关安全事故责任均由 A 施工队负责的约定违反《劳动法》的有关规定，应为无效约定。其次，由于工程涉及爆破作业，而 A 施工队并不具备爆破作业资质，其所属工人更非专业人员，然而，B 公司与 A 施工队却让王某等人去实施此项作业，又缺乏安全防护，最终导致王某损害的发生。因此，在王某受伤这一问题上，A 施工队和 B 公司存在共同过错，应对王某所受损害承担共同侵权责任，即连带赔偿其所受损害的责任。换言之，A 施工队作为具有用工资格的单位，应当对其工人的工伤事故承担责任；如果 B 公司对 A 施工队的工人遭受损害不存在过错，则无须承担工伤赔偿责任。

法律依据

《劳动和社会保障部关于确立劳动关系有关事项的通知》

一、用人单位招用劳动者未订立书面劳动合同，但同时具备下列情形的，劳动关系成立。

（一）用人单位和劳动者符合法律、法规规定的主体资格；

（二）用人单位依法制定的各项劳动规章制度适用于劳动者，劳动者受用人单位的劳动管理，从事用人单位安排的有报酬的劳动；

（三）劳动者提供的劳动是用人单位业务的组成部分。

……

四、建筑施工、矿山企业等用人单位将工程（业务）或经营权发包给不具备用工主体资格的组织或自然人，对该组织或自然人招用的劳动者，由具备用工主体资格的发包方承担用工主体责任。

《人力资源和社会保障部关于执行〈工伤保险条例〉若干问题的意见》七

69. 因工致残的职工能否请求用人单位支付精神损害抚慰金？

法律咨询

小张就职于一家建筑公司。2016 年 3 月 5 日上午，小张在一次高空作业时不慎被坠物砸到右腿，虽抢救及时仍留下了残疾，无法正常行走。事后，该公司主动为小张申请了工伤认定并顺利通过。但小张残疾后一直精神状态不好，生活艰难，想再申请一些精神损害补偿。试问：职工因工致残的，能够请求用人单位支付精神损失费吗？

律师答疑

精神损失费不属于工伤保险待遇内容，所以职工因工伤而请求用人单位支付精神损失费的主张不会得到支持。工伤保险制度是在被保险的劳动者因工作而导致伤害、疾病、残疾或死亡等意外事故时，通过保险方式为劳动者提供医疗照顾与现金给付的一种劳工赔偿制度。工伤保险制度属于一种最基本的救济制度，其只是为了保障劳动者及其家属最基本的生存权；因此，其赔偿数额往往不足以充分填补受害人的财产损失，更不用说填补其精神损害。这也是工伤保险待遇与侵权损害赔偿之间的区别之一。

《最高人民法院关于确定民事侵权精神损害赔偿责任若干问题的解释》第1条规定，因人身权益或者具有人身意义的特定物受到侵害，自然人或者其近亲属向人民法院提起诉讼请求精神损害赔偿的，人民法院应当依法予以受理。因此，只有请求民事侵权损害赔偿时，才具有精神损失费这一赔偿项目；职工因工伤残申请工伤保险待遇的，其内容不包括精神损失费。

法律依据

《最高人民法院关于确定民事侵权精神损害赔偿责任若干问题的解释》

第一条 因人身权益或者具有人身意义的特定物受到侵害，自然人或者其近亲属向人民法院提起诉讼请求精神损害赔偿的，人民法院应当依法予以受理。

70. 工伤休养期间，职工是否仍然享受年终奖等在岗待遇？

法律咨询

杨某是某单位的员工，因为工伤休养在家。在此期间，单位支付了其基本工资3000元，但是停发了杨某在岗期间的每月奖金及年终奖等待遇。杨某向用人单位要求补发；但是单位认为，按照单位的工资管理制度规定，工伤视为缺勤，不能享受奖金。那么，工伤休养期间，职工能否享受年终奖等在岗待遇？

律师答疑

工伤职工在停工留薪期内，原工资福利待遇不变，由所在单位按月支付。对此，《工伤保险条例》第33条第1款作出了明确规定，即职工因工作遭受事故伤害或者患职业病需要暂停工作接受工伤医疗的，在停工留薪期内，原工资福利待遇不变，由所在单位按月支付。因此，本案中用人单位以"工伤视为缺勤"的规定剥夺了工伤职工停工留薪期内工资福利待遇，违反了《工伤保险条例》的规定。

法律依据

《工伤保险条例》第三十三条

71. 工伤职工暂停工作接受治疗的，单位能否扣减其工资？

法律咨询

王某是一名商场售货员，在搬运货物时不慎摔伤，为此住院治疗了1个月，并遵医嘱休息了2个月，后经社会保险行政部门认定为工伤。但在治疗、休养期间，单位只按照最低工资标准发放其工资，其他福利待遇都没有。那么，工伤职工暂停工作接受治疗的，单位能否扣减其工资？

律师答疑

根据《工伤保险条例》第33条的规定，职工因工作遭受事故伤害或者患职业病需要暂停工作接受工伤医疗的，在停工留薪期内，原工资福利待遇不变，由所在单位按月支付。停工留薪期一般不超过12个月。伤情严重或者情况特殊，经设区的市级劳动能力鉴定委员会确认，可以适当延长，但延长不得超过12个月。工伤职工评定伤残等级后，停发原待遇，按照《工伤保险条例》第五章的有关规定享受伤残待遇。工伤职工在停工留薪期满后仍需治疗的，继续享受工伤医疗待遇。生活不能自理的工伤职工在停工留薪期需要护理的，由所在单位负责。

法律依据

《工伤保险条例》第三十三条

72. 职工因第三人侵权遭受的工伤能否获得双重赔付？

法律咨询

王某系某公司员工，2017年6月在上班的路上发生交通事故。经交通管理部门认定，事故原因是肇事汽车抢黄灯撞倒王某，汽车一方负全责。后王某向公司主张工伤保险待遇，但公司以王某已经通过民事诉讼向汽车肇事方主张了赔偿，用人单位无须再给王某提供工伤待遇为由拒绝。试问：用人单位这种做法是正确的吗？

律师答疑

这里主要涉及的侵权赔偿与工伤保险待遇是否能够同时赔付的问题。根据相关法律的规定，除工伤医疗费用外，法律不禁止工伤职工享受工伤保险待遇后再获得民事赔偿。《社会保险法》《工伤保险条例》明确规定了构成工伤应享受相关待遇，没有规定第三人侵权造成的工伤应当扣减第三人赔偿部分，也没有赋予工伤保险基金或用人单位追偿权（除工伤医疗费用）。现行法律和行政法规没有明确规定受伤职工只能得到一份赔偿或者补偿。因此，工伤职工可以同时主张工伤保险待遇和民事侵权赔偿。

根据《最高人民法院关于审理工伤保险行政案件若干问题的规定》第8条的规定，“职工因第三人的原因受到伤害，社会保险行政部门以职工或者其近亲属已经对第三人提起民事诉讼或者获得民事赔偿为由，作出不予受理工伤认定申请或者不予认定工伤决定的，人民法院不予支持。职工因第三人的原因受到伤害，社会保险行政部门已经作出工伤认定，职工或者其近亲属未对第三人提起民事诉讼或者尚未获得民事赔偿，起诉要求社会保险经办机构支付工伤保险待遇的，人民法院应予支持。职工因第三人的原因导致工伤，社会保险经办机构以职工或者其近亲属已经对第三人提起民事诉讼为由，拒绝支付工伤保险待遇的，人民法院不予支持，但第三人已经支付的医疗费用除外”。这说明因第三人侵权致职工工伤的赔付问题已经在司法解释中得以确认。

工伤保险待遇与民事侵权赔偿性质不同。工伤保险待遇属于公法领域的补偿，人身损害赔偿则属于私法领域的赔偿；二者不能混同，也不能相互替代。但是需要注意的是，工伤医疗费是不能获得双倍赔偿的。根据《社会保险法》第42条的规定，由于第三人的原因造成工伤，第三人不支付工伤医疗费用或者无法确定第三人的，由工伤保险基金先行支付。工伤保险基金先行支付后，有权向第三人追偿。该规定的实质是为保障工伤职工的权益，使工伤职工及时得到医疗救治；因而该先行支付属于垫付性质，并不意味着工伤医疗费用支付主体的改变。因此，工伤保险基金在先行支付医疗费用后，依法取得向实际侵权责任人进行追偿的权利。

法律依据

《最高人民法院关于审理工伤保险行政案件若干问题的规定》

第八条 职工因第三人的原因受到伤害，社会保险行政部门以职工或者其近亲属已经对第三人提起民事诉讼或者获得民事赔偿为由，作出不予受理工伤认定申请或者不予认定工伤决定的，人民法院不予支持。

职工因第三人的原因受到伤害，社会保险行政部门已经作出工伤认定，职工或者其近亲属未对第三人提起民事诉讼或者尚未获得民事赔偿，起诉要求社会保险经办机构支付工伤保险待遇的，人民法院应予支持。

职工因第三人的原因导致工伤，社会保险经办机构以职工或者其近亲属已经对第三人提起民事诉讼为由，拒绝支付工伤保险待遇的，人民法院不予支持，但第三人已经支付的医疗费用除外。

《中华人民共和国社会保险法》

第四十二条　由于第三人的原因造成工伤，第三人不支付工伤医疗费用或者无法确定第三人的，由工伤保险基金先行支付。工伤保险基金先行支付后，有权向第三人追偿。

73. 职工上下班途中发生交通事故被认定为工伤，已获得误工费赔偿的，是否还可以向公司要求支付停工留薪期工资？

法律咨询

王某在下班途中发生交通事故，被认定为工伤，构成十级伤残，休息了 35 天。经交通管理部门调解，王某与事故责任人达成协议，赔偿了其误工费。那么，在已获得误工费等赔偿的情况下，王某还可以向所在公司主张停工留薪期工资吗？

律师答疑

劳动者因第三人侵权造成人身损害并构成工伤的，在停工留薪期内，原工资福利待遇不变，由所在单位按月支付。工伤职工的停工留薪期应当凭职工就诊的签订服务协议的医疗机构出具的休假证明确定。

停工留薪期工资与误工费分别属于工伤保险待遇和民事侵权赔偿。工伤保险待遇与民事侵权赔偿性质不同：前者属公法领域，基于社保法律关系发生；后者属私法领域，基于民事法律关系发生。二者不能相互替代。现行法律并未禁止工伤职工同时享受工伤保险待遇和人身损害赔偿。因此，本案王某在已获得误工费等赔偿的情况下，仍可以向所在公司主张停工留薪期工资。

法律依据

《工伤保险条例》第三十三条

《最高人民法院关于审理工伤保险行政案件若干问题的规定》第八条

74. 职工因工死亡后，其家属可获得哪些赔偿？

法律咨询

张某是某快递公司的快递员。某日，张某在送快递途中与一辆迎面而来的汽车发生碰撞。事故发生后，在场的好心人将张某送到医院，经过抢救后张某不幸身亡。事后，该快递公司为张某申请了工伤认定。请问：对于此类因工死亡的职工，其家属可以获得哪些赔偿呢？

律师答疑

《工伤保险条例》第39条第1款规定，职工因工死亡，其近亲属按照下列规定从工伤保险基金领取丧葬补助金、供养亲属抚恤金和一次性工亡补助金：(1)丧葬补助金为6个月的统筹地区上年度职工月平均工资。(2)供养亲属抚恤金按照职工本人工资的一定比例发给由因工死亡职工生前提供主要生活来源、无劳动能力的亲属。标准为：配偶每月40%，其他亲属每人每月30%，孤寡老人或者孤儿每人每月在上述标准的基础上增加10%。核定的各供养亲属的抚恤金之和不应高于因工死亡职工生前的工资。供养亲属的具体范围由国务院社会保险行政部门规定。(3)一次性工亡补助金标准为上一年度全国城镇居民人均可支配收入的20倍。

伤残职工在停工留薪期内因工伤导致死亡的，其近亲属享受《工伤保险条例》第39条第1款规定的待遇。一级至四级伤残职工在停工留薪期满后死亡的，其近亲属可以享受《工伤保险条例》第39条第1款第1项、第2项规定的待遇。但根据《人力资源社会保障部关于执行〈工伤保险条例〉若干问题的意见(二)》的规定，一级至四级工伤职工死亡，其近亲属同时符合领取工伤保险丧葬补助金、供养亲属抚恤金待遇和职工基本养老保险丧葬补助金、抚恤金待遇条件的，由其近亲属选择领取工伤保险或职工基本养老保险其中一种。

法律依据

《工伤保险条例》第三十九条

《人力资源社会保障部关于执行〈工伤保险条例〉若干问题的意见(二)》一

75. 工伤保险待遇的计发基数是如何计算的?

法律咨询

小张成功应聘于一家私企,任职于财务部门,主要负责日常的出纳等工作。正式入职后,恰好单位一名员工因工受伤,需要计算单位应当支付的工伤保险待遇数额。那么,工伤保险待遇的计发基数是如何计算的?

律师答疑

根据《工伤保险条例》第 64 条的规定,该条例所称工资总额,是指用人单位直接支付给本单位全部职工的劳动报酬总额。该条例所称本人工资,是指工伤职工因工作遭受事故伤害或者患职业病前 12 个月平均月缴费工资。本人工资高于统筹地区职工平均工资 300% 的,按照统筹地区职工平均工资的 300% 计算;本人工资低于统筹地区职工平均工资 60% 的,按照统筹地区职工平均工资的 60% 计算。

社会保险费用的缴纳,对单位而言,以单位的工资总额为基数;对职工个人而言,则以由社会保险费征缴部门核定的本人工资为基数。需要注意的是,平均月缴费工资应当包括工资性奖金、加班费在内。

法律依据

《工伤保险条例》

第六十四条 本条例所称工资总额,是指用人单位直接支付给本单位全部职工的劳动报酬总额。

本条例所称本人工资，是指工伤职工因工作遭受事故伤害或者患职业病前12个月平均月缴费工资。本人工资高于统筹地区职工平均工资300%的，按照统筹地区职工平均工资的300%计算；本人工资低于统筹地区职工平均工资60%的，按照统筹地区职工平均工资的60%计算。

76. 伤残津贴及生活护理费是一成不变的吗？

法律咨询

小雷是一家大型超市的货物整理员。2018年3月4日，小雷在工作时不幸被砸伤，虽经医院治疗，却不幸落下了三级伤残。事后，该超市为其申请了工伤认定，每月可以领取一定的伤残津贴以及生活护理费等费用。试问：伤残津贴及生活护理费是一成不变的吗？

律师答疑

伤残津贴和生活护理费不是一成不变的。根据《工伤保险条例》第40条的规定，伤残津贴、供养亲属抚恤金、生活护理费由统筹地区社会保险行政部门根据职工平均工资和生活费用变化等情况适时调整。调整办法由省、自治区、直辖市人民政府规定。根据《工伤保险条例》第34～37条的规定，伤残津贴实际金额不能低于最低工资标准；伤残津贴实际金额低于当地最低工资标准的，由工伤保险基金补足差额。所以伤残津贴应随最低工资标准调整。

生活护理费按照生活完全不能自理、生活大部分不能自理或者生活部分不能自理三个不同等级支付,其标准分别为统筹地区上年度职工月平均工资的 50%、40% 或者 30%,故也应根据统筹地区上年度职工月平均工资的变化调整。

法律依据

《工伤保险条例》第三十四条至第三十七条、第四十条

77. 用工单位与劳务派遣单位如何分担工伤赔偿责任?

法律咨询

李某被所在的劳务派遣公司派遣到某运输公司。在一次工作过程中,李某不幸受伤,虽经医院抢救却被鉴定为五级伤残。依据《工伤保险条例》的规定,五级伤残需要用人单位按月向其支付伤残津贴。劳务派遣协议到期后,运输公司不再续签,对李某的伤残津贴也停止支付。那么,用工单位与劳务派遣单位应如何分担工伤赔偿责任?

律师答疑

《劳动合同法》规定,用工单位给被派遣劳动者造成损害的,劳务派遣单位与用工单位承担连带赔偿责任。这对于劳务派遣员工来讲是一种保护,即无论劳务派遣单位与用工单位如何约定,其

相应的劳动权益都由这两家单位共同保障。

就劳务派遣员工的工伤问题，由于工伤保险待遇是明确的，因此，无论是劳务派遣单位还是用工单位都有义务来承担该法律责任。对于五级工伤的员工，需要由用工单位按月支付伤残津贴，并在解除劳动合同时支付一次性伤残就业补助金。《劳务派遣暂行规定》第 10 条第 1 款规定："被派遣劳动者在用工单位因工作遭受事故伤害的，劳务派遣单位应当依法申请工伤认定，用工单位应当协助工伤认定的调查核实工作。劳务派遣单位承担工伤保险责任，但可以与用工单位约定补偿办法。"在劳务派遣单位拒绝支付或无能力支付的情形下，劳务派遣员工可以向用工单位主张工伤保险待遇，由用工单位来承担相应的法律责任。

法律依据

《劳务派遣暂行规定》

第十条　被派遣劳动者在用工单位因工作遭受事故伤害的，劳务派遣单位应当依法申请工伤认定，用工单位应当协助工伤认定的调查核实工作。劳务派遣单位承担工伤保险责任，但可以与用工单位约定补偿办法。

被派遣劳动者在申请进行职业病诊断、鉴定时，用工单位应当负责处理职业病诊断、鉴定事宜，并如实提供职业病诊断、鉴定所需的劳动者职业史和职业危害接触史、工作场所职业病危害因素检测结果等资料，劳务派遣单位应当提供被派遣劳动者职业病诊断、鉴定所需的其他材料。

78. 工伤职工在停工留薪期届满后仍需治疗的,应如何处理?

法律咨询

小磊受聘于一家电子加工厂。某日,小磊在车间作业时,其左臂因机器故障而受伤。后公司为其申请了工伤认定,并按照规定向其支付了停工留薪期工资。但停工留薪期届满后,小磊伤情严重仍需治疗。试问:工伤职工在停工留薪期届满后仍需治疗的,应如何处理?

律师答疑

根据《工伤保险条例》第 33 条的规定,职工因工作遭受事故伤害或者患职业病需要暂停工作接受工伤医疗的,在停工留薪期内,原工资福利待遇不变,由所在单位按月支付。停工留薪期一般不超过 12 个月。伤情严重或者情况特殊,经设区的市级劳动能力鉴定委员会确认,可以适当延长,但延长不得超过 12 个月。工伤职工评定伤残等级后,停发原待遇,按照该章的有关规定享受伤残待遇。工伤职工在停工留薪期届满后仍需治疗的,继续享受工伤医疗待遇。生活不能自理的工伤职工在停工留薪期需要护理的,由所在单位负责。

职工因工作遭受事故伤害或者患职业病进行治疗,享受工伤医疗待遇。职工治疗工伤应当在签订服务协议的医疗机构就医,情况紧急时可以先到就近的医疗机构急救。治疗工伤所需费用符合工伤保险诊疗项目目录、工伤保险药品目录、工伤保险住院服务标准的,从工伤保险基金支付。工伤保险诊疗项目目录、工伤保险药品目录、工伤保险住院服务标准，由国务院社会保险行政部门会同国务院卫生行政部门、食品药品监督管理部门等部门规定。职工住院治疗工伤的伙食补助费，以及经医疗机构出具证明，报经办机构同意，工伤职工到统筹地区以外就医所需的交通、食宿费用从工伤保险基金支付，基金支付的具体标准由统筹地区人民政府规定。

工伤职工治疗非工伤引发的疾病，不享受工伤医疗待遇，按照基本医疗保险办法处理。工伤职工到签订服务协议的医疗机构进行工伤康复的费用，符合规定的，从工伤保险基金支付。

法律依据

《工伤保险条例》第三十条、第三十三条

79. 如果职工拒不接受劳动能力鉴定，用人单位可以停止发放工伤待遇吗？

法律咨询

江某是某商场的理货员。某天，江某在清理货物时，不慎摔了下来，致使腿部骨折，经治疗已无大碍。但是，江某要求单位支付她 2 万元的伤残补助金，否则就拒绝出院。单位申请伤残等级鉴定，但是江某不予配合。试问：在这种职工拒不接受劳动能力鉴定的情况下，用人单位可以停发工伤待遇吗？

律师答疑

伤残等级鉴定是工伤职工享受伤残待遇所必需的。职工不接受伤残等级鉴定,就无法对其伤残程度作出科学评判,也就无法对其伤害进行公平、公正的赔偿。所以法律规定,职工拒不接受劳动能力鉴定的,停止享受工伤保险待遇:

(1)劳动能力鉴定是获取伤残待遇的前提和基础,工伤职工有配合鉴定义务。工伤事故发生后,如果职工工伤较为严重,就应申请劳动能力鉴定。劳动能力鉴定是确定伤残等级的必经程序,职工只有依法确定了伤残等级,才可以享受相应的伤残待遇;没有进行伤残等级鉴定而在医院接受治疗的,只能享受工伤医疗待遇。针对不同的鉴定等级,职工可以依法享受不同的伤残待遇;这也是法律对伤残职工合法权利的一种保护,以达到伤残赔偿与伤残程度一致的效果。所以,工伤职工有配合伤残等级鉴定义务。

值得注意的是,并不意味着任何情况下职工在医院接受治疗都能享受工伤医疗待遇。工伤保险制度旨在保障工伤职工的合法权利;如果职工滥用工伤权利,也将会使其利益遭受损害。比如,在工伤职工的工伤伤害已经痊愈,但是职工以继续在医院接受治疗相威胁,向公司提出一些不合理的要求的情况下,法律为了维护用人单位的合法权利,规定了工伤保险待遇的中止制度。从某种角度上讲,劳动能力鉴定制度也有抑制工伤职工权利滥用的法律效果。在明知职工工伤已经治愈的前提下,职工还要求享受伤残补助的,用人单位可以申请伤残等级鉴定;职工拒不接受劳动能力鉴定的,停止享受工伤保险待遇。

(2)职工根据法律规定拒不接受劳动能力鉴定的,停止享受工伤保险待遇。劳动能力鉴定是工伤职工享受伤残待遇的前提和基础，根据不同的鉴定结论职工可以依法享受不同的伤残待遇；这是工伤保险赔偿公平、合理的体现。有些工伤职工为了获得较高的补偿而拒绝劳动能力鉴定，如果任其行为持续将极大地损害用人单位的利益。所以《工伤保险条例》规定，职工拒不接受劳动能力鉴定的，停止享受工伤保险待遇。

《工伤保险条例》规定了工伤职工可以依法享受工伤待遇的权利；并且，为了实现工伤职工所受伤害与获得的赔偿相协调，《工伤保险条例》还规定了伤残等级制度。当职工受伤较为严重时，应当依法进行伤残等级鉴定，职工根据不同的鉴定等级可以依法享受不同的伤残待遇；这是工伤保险赔偿公平、合理的表现。法律赋予劳动者保护自己的权利并不意味着放任工伤职工权利的行使。《工伤保险条例》还规定了应当停止享受工伤保险待遇的情形，这是对滥用权利的一种有效抑制。

法律依据

《工伤保险条例》第四十二条

80. 无营业执照单位的职工受到事故伤害怎么办？

法律咨询

刘某在某厂工作，负责车间运料。某日，刘某在运料时，被升降机砸中头部和手部。刘某认为自己的情况构成工伤，但老板施某支付了7万元医疗费后，不愿再进行支付。后刘某申请仲裁。当地仲裁委员会以该厂没有营业执照，不属于法律意义上的用人单位为由不予受理。那么，此种无营业执照单位的职工受到的事故伤害应该怎么办？

律师答疑

根据《非法用工单位伤亡人员一次性赔偿办法》第 2 条第 1 款的规定，非法用工单位伤亡人员，是指无营业执照或者未经依法登记、备案的单位以及被依法吊销营业执照或者撤销登记、备案的单位受到事故伤害或者患职业病的职工，或者用人单位使用童工造成的伤残、死亡童工。

我国《工伤保险条例》第 66 条规定，无营业执照或者未经依法登记、备案的单位以及被依法吊销营业执照或者撤销登记、备案的单位的职工受到事故伤害或者患职业病的，由该单位向伤残职工或者死亡职工的近亲属给予一次性赔偿，赔偿标准不得低于相应的工伤保险待遇。

法律依据

《非法用工单位伤亡人员一次性赔偿办法》第二条

《工伤保险条例》第十条、第六十六条

81. 当雇佣单位被吊销营业执照后，该单位员工所受伤害应由谁承担？

法律咨询

小王是某餐厅的厨师。2022 年 2 月 15 日，小王在厨房工作时不慎发生火灾，造成三级烧伤。8 月 4 日，该餐厅由于多项检查不合格被市场监管部门吊销了营业执照，便以此为由拒不承担小王的工伤责任。试问：当雇用单位被吊销营业执照后，该单位员工所受伤害应该由谁来承担？

律师答疑

职工在工作时间和工作场所内，因工作原因受到事故伤害的，应当认定为工伤，其用人单位应采取措施使其得到及时救治，并予以适当的经济补偿。雇员在从事雇佣活动的过程中遭受人身损害的，雇主应承担赔偿责任。即便企业被吊销了营业执照，其作为以营利为目的的法人，也尚未进入清算阶段。它只是发生了即将终止的原因，丧失了继续经营的资格，要停止各项生产经营活动，但是它的法人资格依然存在，所以仍然应当以自己的财产对自己所负的债务进行清偿，其中当然也包括对自己雇员的工伤责任。此外，根据《工伤保险条例》第 66 条第 1 款的规定，被依法吊销营业执照单位的工人，受到事故伤害的，应由该单位向其给予一次性赔偿，赔偿标准不得低于该条例中规定的工伤保险待遇。所以，当企业被吊销营业执照后，其员工所受工伤应由该企业赔偿，而不能以自己已被吊销营业执照为由拒不承担责任。

法律依据

《工伤保险条例》第六十六条

82. 高危职业工作者在离职时未进行职业健康检查，公司解除劳动合同有效吗？

法律咨询

王某在公司从事电焊工作。2021年8月17日，公司通知王某在劳动合同到期后，将不再与王某续签合同，支付了经济补偿金，并于同日办理了离职交接。此后，公司向王某发出《离职体检通知书》，通知王某于2021年8月24日前往医院进行职业健康体检。王某按时作了职业健康体检，医院建议提交职业病诊断机构进一步明确诊断。后双方因“确认职业史”问题发生争议，导致王某至今未做进一步诊断。那么，公司解除劳动合同有效吗？

律师答疑

根据《职业病防治法》的规定，对从事接触职业病危害作业的劳动者，用人单位应当按照国务院卫生行政部门的规定组织离岗时的职业健康检查，并将检查结果书面告知劳动者，对未进行离岗前职业健康检查的劳动者不得解除或者终止与其订立的劳动合同。另外，《劳动合同法》规定，从事接触职业病危害作业的劳动者未进行岗前职业健康检查的，用人单位不得依照该法第40条、第41条的规定解除劳动合同。公司未对王某离岗前进行职业健康检查，即终止与王某的劳动合同，显然违反了上述法律规定。因此，公司解除劳动合同的行为无效。

用人单位违法解除或者终止劳动合同，劳动者要求继续履行劳动合同的，用人单位应当继续履行；劳动者不要求继续履行劳动合同或者劳动合同已经不能继续履行的，用人单位应当支付赔偿金。

法律依据

《中华人民共和国职业病防治法》第三十五条

《中华人民共和国劳动合同法》

第四十二条　劳动者有下列情形之一的，用人单位不得依照本法第四十条、第四十一条的规定解除劳动合同：

（一）从事接触职业病危害作业的劳动者未进行离岗前职业健康检查，或者疑似职业病病人在诊断或者医学观察期间的；

（二）在本单位患职业病或者因工负伤并被确认丧失或者部分丧失劳动能力的；

（三）患病或者非因工负伤，在规定的医疗期内的；

（四）女职工在孕期、产期、哺乳期的；

（五）在本单位连续工作满十五年，且距法定退休年龄不足五年的；

（六）法律、行政法规规定的其他情形。

第四十八条　用人单位违反本法规定解除或者终止劳动合同，劳动者要求继续履行劳动合同的，用人单位应当继续履行；劳动者不要求继续履行劳动合同或者劳动合同已经不能继续履行的，用人单位应当依照本法第八十七条规定支付赔偿金。

83. 职工离开原来单位后才发现患了职业病的，可以申请工伤认定并请求赔偿吗？

法律咨询

李某在某煤矿工作近十年了，前不久感觉力不从心，便与单位解除劳动关系，新找了一份工作。李某在新公司工作了一段时间后，公司按照惯例对职工进行体检，结果李某被诊断为煤工尘肺二期。当地人社局认定李某为工伤，后李某被鉴定为四级伤残，但该煤矿以李某与单位已经没有劳动关系为由拒不赔偿。试问，职工离开原单位后才发现患了职业病的可以向原单位申请工伤认定并索赔吗？

律师答疑

根据《工伤保险条例》第17条的规定，职工发生事故伤害或者按照《职业病防治法》规定被诊断、鉴定为职业病，所在单位应当自事故伤害发生之日或者被诊断、鉴定为职业病之日起30日内，向统筹地区社会保险行政部门提出工伤认定申请。遇有特殊情况，经报社会保险行政部门同意，申请时限可以适当延长。

用人单位未按规定提出工伤认定申请的，工伤职工或者其近亲属、工会组织在事故伤害发生之日或者被诊断、鉴定为职业病之日起1年内，可以直接向用人单位所在地统筹地区社会保险行政部门提出工伤认定申请。

用人单位未在规定的时限内提交工伤认定申请，在此期间发生符合《工伤保险条例》规定的工伤待遇等有关费用由该用人单位负担。

因此，只要自职工被诊断为职业病起，用人单位没有向社会保险行政部门提出工伤认定申请的，职工也可以直接向社会保险行政部门提出申请，无论该职工还是不是原来用人单位的职工。

法律依据

《工伤保险条例》第十七条

84. A 单位职工被借调到 B 单位期间受到工伤事故伤害的，其工伤保险待遇应由谁来承担？

法律咨询

A 公司和 B 公司是合作伙伴。李某是 A 公司的技术员，由于 B 公司设备需要维修，A 公司派李某前往，双方约定为借调。不久，李某在 B 公司发生工伤事故。后来李某要求 B 公司承担治疗费用和工伤保险责任，B 公司让李某找 A 公司。那么，单位职工被借调期间受到工伤事故伤害的，其工伤保险待遇应由谁来承担？

律师答疑

根据《工伤保险条例》第 43 条的规定，职工被借调期间受到工伤事故伤害的，由原用人单位承担工伤保险责任，但原用人单位与借调单位可以约定补偿办法。

法律依据

《工伤保险条例》第四十三条

85. 承包人与转包人之间存在挂靠关系的，承包人应否对施工中发生的工伤事故承担责任？

法律咨询

2016年，B挂靠A公司承揽建筑装修工程，并就相关事宜达成了协议。2018年3月19日，C在该工地工作时，从梯子上摔下来，造成身体受伤。A公司并未给其上社保，B为工人投了商业保险。事发后，C向深圳市社会保险管理局申请工伤认定，但该局以C的劳动关系无法查明为由，决定不予受理C提出的工伤认定申请。后C先提出了劳动仲裁，后以B和A公司为被告提起诉讼。

律师答疑

C与A公司之间存在劳动关系，C因履行职务受伤，应认定属工伤。A公司未为原告办理社会保险，应自行承担向C支付各项法定费用的义务。虽然B为C投保了商业保险，但C依法仍可享受工伤保险待遇。B挂靠A公司，以A公司的名义对外承包建设工程，应对A公司的上述给付义务承担连带责任。

法律依据

《最高人民法院关于审理工伤保险行政案件若干问题的规定》第三条

86. 职工在企业被吊销营业执照期间因工负伤的，能否认定为工伤？

法律咨询

杨某为个体户，雇用李某为其当挖掘机司机。某天，李某在工作中不慎被机器碰伤，李某向市人社局申请工伤认定。市人社局以杨某的营业执照在事故发生之前已被该市市场监管部门注销登记为由，对李某的申请作出不予受理的决定。那么，职工在企业被吊销营业执照期间因工负伤的，能否认定为工伤？

律师答疑

根据《工伤保险条例》第 66 条的规定，无营业执照或者未经依法登记、备案的单位以及被依法吊销营业执照或者撤销登记、备案的单位的职工受到事故伤害或者患职业病的，由该单位向伤残职工或者死亡职工的近亲属给予一次性赔偿，赔偿标准不得低于本条例规定的工伤保险待遇。

所以，职工在企业被注销营业执照期间因工负伤的，不能被认定为工伤，只能请求企业给予一次性赔偿。

法律依据

《工伤保险条例》第六十六条

87. 公司注销后，工伤赔偿责任应由谁来承担？

法律咨询

李某原是某公司的员工，公司没有为其办理工伤保险。某日，李某在工作途中发生车祸。经鉴定李某伤残等级为8级。李某所在公司在李某出事的那段时间经营状况恶化，股东决定将公司注销。在公司清算期间，股东没有通知李某去申报债权。试问，公司注销后，工伤赔偿责任应由谁来承担？

律师答疑

职工在工作期间因第三人侵权致残，应认定为工伤，享受工伤保险待遇无疑。公司未为职工缴纳工伤保险费的，职工因工伤事故所受经济损失应由该公司承担。同时，根据《最高人民法院关于审理人身损害赔偿案件适用法律若干问题的解释》第3条第2款的规定，因用人单位以外的第三人侵权造成劳动者人身损害，赔偿权利人请求第三人承担民事赔偿责任的，人民法院应予支持。

然而，第三人承担责任的能力有限，在此种情况下，职工对注销公司的股东是否享有请求权呢？对此不可一概而论，而应区别不同情况予以处理。其一，如果公司的股东在办理公司注销登记的过程中，对公司的债权债务依法进行了清算，则其股东不再对公司的债务承担责任。因为股东仅在出资范围内对公司的债务承担责任，而公司具有独立的企业法人资格，应独立承担由公司行为所产生的责任。其二，如果公司的股东在办理公司注销登记的过程中，没有依法对公司的债权债务进行清算，即注销了公司的法人资格，则股东应在公司剩余财产范围内对公司的债务承担连带责任。如果股东不能证明公司剩余财产的具体数额，则应对公司的全部债务承担连带偿还责任。其三，如果公司的股东滥用公司法人资格，损害公司债权人的利益，则根据《公司法》的有关规定，公司的股东应对公司的债务承担连带偿还责任。其四，如果公司的股东出资不足，则应在不足的出资范围内对公司的债务承担责任。

法律依据

《最高人民法院关于审理人身损害赔偿案件适用法律若干问题的解释》

第三条　依法应当参加工伤保险统筹的用人单位的劳动者，因工伤事故遭受人身损害，劳动者或者其近亲属向人民法院起诉请求用人单位承担民事赔偿责任的，告知其按《工伤保险条例》的规定处理。

因用人单位以外的第三人侵权造成劳动者人身损害，赔偿权利人请求第三人承担民事赔偿责任的，人民法院应予支持。

《中华人民共和国公司法》

第三条　公司是企业法人，有独立的法人财产，享有法人财产权。公司以其全部财产对公司的债务承担责任。

有限责任公司的股东以其认缴的出资额为限对公司承担责任；股份有限公司的股东以其认购的股份为限对公司承担责任。

88. 工伤员工辞职后，才能申请一次性医疗补助和一次性伤残就业补助吗？

法律咨询

李某于工作时间内在施工单位受伤致左足五趾被砸伤，被认定为工伤，经劳动能力鉴定委员会评定为十级伤残。那么，李某可否要求公司支付一次性伤残补助金、一次性伤残就业补助金、一次性医疗补助金？

律师答疑

一次性工伤医疗补助金是由工伤保险基金一次性支付的医疗保障费用；一次性伤残就业补助金是由用人单位支付的一次性职业伤害补偿。《工伤保险条例》规定“职工因工致残被鉴定为七级至十级伤残的，享受以下待遇：……（二）劳动、聘用合同期满终止，或者职工本人提出解除劳动、聘用合同的，由工伤保险基金支付一次性工伤医疗补助金，由用人单位支付一次性伤残就业补助金……”

领取一次性医疗补助金和一次性伤残就业补助金要满足以下条件：（1）劳动者与用人单位之间存在劳动合同关系，用人单位已依法为劳动者缴纳工伤保险费。（2）劳动者因工致残，已由劳动能力鉴定部门鉴定为五级至十级伤残。（3）工伤职工因工致残被鉴定为五级、六级伤残，经工伤职工本人提出，与用人单位解除或者终止劳动关系的，以及工伤职工因工致残被鉴定为七级至十级伤残，劳动、聘用合同期满终止或者职工本人提出解除劳动合同的。

法律依据

《工伤保险条例》第三十六条、第三十七条

89. 工伤职工违纪被辞还有伤残就业补助金吗?

法律咨询

温某是某公司的员工。2012年,温某在工作中被器材砸伤,后被鉴定为九级伤残。2017年以来,温某经常在未请假情况下不到公司上班。公司根据规章制度的规定,以温某严重违纪为由解除了与其的劳动合同。温某要求公司支付一次性伤残就业补助金,但公司以《工伤保险条例》没有规定而拒绝。那么,工伤职工违纪被辞还有伤残就业补助金吗?

律师答疑

首先,解除劳动合同不能否定已有的工伤保险。在工伤职工严重违纪时,用人单位有权按照法律规定和法定程序解除与其的劳动合同。但工伤保险待遇是一种法定待遇,是职工遭受工伤后依法应当享受的经济补偿,这决定了工伤保险并不会随劳动合同的解除而终止,即由于违纪而被解除劳动合同的工伤职工仅需承担违纪的法律后果,其违纪并不能改变此前已经发生的工伤事实。本案自然也不例外。

其次,违纪被解聘同样享有一次性伤残就业补助金。《工伤保险条例》规定:“职工因工作遭受事故伤害或者患职业病进行治疗，享受工伤医疗待遇。”工伤职工工伤复发，确认需要治疗的，享受《工伤保险条例》第30条、第32条和第33条规定的工伤待遇。也就是说，工伤保险待遇始于工伤的发生，终于工伤职工死亡，哪怕日后复发也同样享有。换句话说，就是工伤保险待遇伴随工伤职工终身，非发生法定事由不能剥夺。因此，虽然《工伤保险条例》中没有明确工伤职工因违纪被解聘应否支付一次性伤残就业补助金，但这并不等于已经否定支付一次性伤残就业补助金，更不等于无须支付。

最后，支付一次性伤残就业补助金是公司的法定义务。《社会保险法》第39条规定，因工伤发生“终止或者解除劳动合同时，应当享受的一次性伤残就业补助金”由用人单位支付。其中并没有强调是基于什么原因、出于什么理由终止或者解除劳动合同，这也表明公司不能以任何理由回避向温某支付一次性伤残就业补助金的义务。

法律依据

《工伤保险条例》第三十条、第三十二条、第三十三条

90. 职工工伤复发，确认需要治疗的，能够享受哪些工伤待遇？

法律咨询

王某是A超市的员工，在工作时不幸被机器砸伤，左腿留下了残疾。事后，该超市负责了王某的医疗费用，并为其申请了工伤认定。不久，王某左腿旧伤复发需要治疗。试问，职工工伤复发，确认需要治疗的，能够享受哪些工伤待遇？

律师答疑

根据《工伤保险条例》第38条的规定，工伤职工工伤复发，确认需要治疗的，享受该条例的第30条、第32条和第33条规定的工伤待遇。

《工伤保险条例》第30条规定，职工因工作遭受事故伤害或者患职业病进行治疗，享受工伤医疗待遇。职工治疗工伤应当在签订服务协议的医疗机构就医，情况紧急时可以先到就近的医疗机构急救。治疗工伤所需费用符合工伤保险诊疗项目目录、工伤保险药品目录、工伤保险住院服务标准的，从工伤保险基金支付。工伤保险诊疗项目目录、工伤保险药品目录、工伤保险住院服务标准，由国务院社会保险行政部门会同国务院卫生行政部门、食品药品监督管理部门等部门规定。

职工住院治疗工伤的伙食补助费，以及经医疗机构出具证明，报经办机构同意，工伤职工到统筹地区以外就医所需的交通、食宿费用从工伤保险基金支付，基金支付的具体标准由统筹地区人民政府规定。工伤职工治疗非工伤引发的疾病，不享受工伤医疗待遇，按照基本医疗保险办法处理。工伤职工到签订服务协议的医疗机构进行工伤康复的费用，符合规定的，从工伤保险基金支付。

《工伤保险条例》第32条规定，工伤职工因日常生活或者就业需要，经劳动能力鉴定委员会确认，可以安装假肢、矫形器、假眼、假牙和配置轮椅等辅助器具，所需费用按照国家规定的标准从工伤保险基金支付。

《工伤保险条例》第 33 条规定，职工因工作遭受事故伤害或者患职业病需要暂停工作接受工伤医疗的，在停工留薪期内，原工资福利待遇不变，由所在单位按月支付。停工留薪期一般不超过 12 个月。伤情严重或者情况特殊，经设区的市级劳动能力鉴定委员会确认，可以适当延长，但延长不得超过 12 个月。工伤职工评定伤残等级后，停发原待遇，按照本章的有关规定享受伤残待遇。工伤职工在停工留薪期届满后仍需治疗的，继续享受工伤医疗待遇。生活不能自理的工伤职工在停工留薪期需要护理的，由所在单位负责。

法律依据

《工伤保险条例》第三十条、第三十二条、第三十三条、第三十八条

Chapter 6

第六章

工伤争议处理途径

91. 工伤争议由谁来承担举证责任?

法律咨询

小郑就职于一家大型私企。2017 年 7 月 2 日,小郑在上班时左肩胛骨受伤,小郑认为该事故属于工伤,但该公司认为,小郑虽是在上班时间受伤的,但该事故的发生与公司业务无关,故拒绝申请工伤认定。于是,小郑提出劳动仲裁申请。那么,针对此类工伤争议,应当由谁来承担举证责任?

律师答疑

《工伤保险条例》第 19 条第 2 款规定,职工或者其近亲属认为是工伤,而用人单位不认为是工伤的,即当出现了工伤争议后,用人单位将承担举证责任。也就是说,如果用人单位不能举证证明职工所受伤害不是工伤,则都应认定为工伤。这一举措是为了保护劳动者的权利,因为在用工关系中劳动者处于弱势的一方,如果还加重劳动者的举证责任,无疑是不公平的。

但需要注意的是,双方之间是否存在劳动关系、劳动者的工资是多少等,由劳动者负举证责任。

法律依据

《工伤保险条例》第十九条

92. 职工对伤残鉴定结论不服的，能否提起行政复议或行政诉讼？

法律咨询

老李是一家机械加工厂的员工，在车间工作时被机器误伤。事后，老李被送往医院紧急抢救，虽然没有生命危险，却留下了残疾。经劳动能力鉴定委员会鉴定，老李为五级伤残，老李对此鉴定结果不服。试问，职工在对伤残鉴定结果不服的情况下，能否提起行政诉讼？

律师答疑

工伤职工对伤残等级结论不服的，不能提起行政复议、行政诉讼。无论是《行政复议法》还是《行政诉讼法》，均规定了受理前提——行政行为侵害了当事人的利益。也就是说，行政复议和行政诉讼针对的是行政行为。根据《人力资源社会保障行政复议办法》第 8 条的规定，公民、法人或者其他组织对劳动能力鉴定委员会的行为不能申请行政复议。之所以如此规定，就是因为劳动能力鉴定委员会的行为不属于行政行为。这就是说，对于伤残鉴定结论不服的，公民、法人提起诉讼或者法院受案处理都没有法律依据。另外，从劳动能力鉴定委员会的工作性质来看，其行为也不是行政行为。伤残等级鉴定工作是根据国家评残标准进行的，劳动能力鉴定委员会是当地政府协调人力资源社会保障、卫生和工会等部门互相配合、支持这项事业的虚设机构，劳动能力鉴定办公室的工作是具体组织落实。伤残等级和护理依赖程度的鉴定是医学专家组根据工伤职工的伤情作出的技术性结论，它在很大程度上属于技术性和专业性的工作，不是行政行为。

工伤职工对伤残等级结论不服，正确的做法应该是向上级劳动能力鉴定委员会申请再次鉴定，通过由下向上的复查程序，保障鉴定工作的公正合理。也就是说，如果职工对市一级劳动能力鉴定委员会作出的伤残鉴定结论不服的，可以申请省级劳动能力鉴定委员会进行再次鉴定，省级劳动能力鉴定委员会作出的鉴定结论为最终结论。因此，对劳动能力鉴定结论不服，应按上述程序申请再次鉴定。另外，在伤残鉴定结论作出之日 1 年后，如果工伤职工或者其近亲属、所在单位或者经办机构觉得伤残情况有变化，可以重新向当地市劳动能力鉴定委员会申请复查鉴定，并按照新确定的伤残等级享受有关工伤保险待遇。

法律依据

《人力资源社会保障行政复议办法》

第八条 公民、法人或者其他组织对下列事项，不能申请行政复议：

（一）人力资源社会保障部门作出的行政处分或者其他人事处理决定；

（二）劳动者与用人单位之间发生的劳动人事争议；

（三）劳动能力鉴定委员会的行为；

（四）劳动人事争议仲裁委员会的仲裁、调解等行为；

（五）已就同一事项向其他有权受理的行政机关申请行政复议的；

（六）向人民法院提起行政诉讼，人民法院已经依法受理的；

（七）法律、行政法规规定的其他情形。

《工伤保险条例》第二十六条

93. 社会保险基金先行支付工伤保险待遇后，用人单位不予偿还的怎么处理？

法律咨询

小宋是某快递公司的员工。某日，小宋在送快递的途中与一辆汽车发生碰撞，造成左腿骨折。事故发生后，社会保险基金先行支付了小宋的工伤保险待遇，但用人单位却拒不偿还。试问，此种社会保险基金先行支付工伤保险待遇后，用人单位不予偿还的问题怎么处理？

律师答疑

根据《社会保险基金先行支付暂行办法》第13条、第14条的规定，社会保险经办机构先行支付工伤保险待遇后，应当责令用人单位在10日内偿还。用人单位逾期不偿还的，社会保险经办机构可以向银行和其他金融机构查询其存款账户，申请县级以上社会保险行政部门作出划拨应偿还款项的决定，并书面通知用人单位开户银行或者其他金融机构划拨其应当偿还的数额。用人单位账户余额少于应当偿还数额的，社会保险经办机构可以要求其提供担保，签订延期还款协议。用人单位未按时足额偿还且未提供担保的，社会保险经办机构可以申请人民法院扣押、查封、拍卖其价值相当于应当偿还数额的财产，以拍卖所得偿还所欠数额。同时，社会保险经办机构向用人单位追偿工伤保险待遇发生的合理费用以及用人单位逾期偿还部分的利息损失等，应当由用人单位承担。

法律依据

《社会保险基金先行支付暂行办法》

第十三条 社会保险经办机构按照本办法第五条第三项、第四项和第六条、第七条、第八条的规定先行支付工伤保险待遇后，应当责令用人单位在10日内偿还。

用人单位逾期不偿还的，社会保险经办机构可以按照社会保险法第六十三条的规定，向银行和其他金融机构查询其存款账户，申请县级以上社会保险行政部门作出划拨应偿还款项的决定，并书面通知用人单位开户银行或者其他金融机构划拨其应当偿还的数额。

用人单位账户余额少于应当偿还数额的，社会保险经办机构可以要求其提供担保，签订延期还款协议。

用人单位未按时足额偿还且未提供担保的，社会保险经办机构可以申请人民法院扣押、查封、拍卖其价值相当于应当偿还数额的财产，以拍卖所得偿还所欠数额。

第十四条 社会保险经办机构向用人单位追偿工伤保险待遇发生的合理费用以及用人单位逾期偿还部分的利息损失等，应当由用人单位承担。

94. 劳务派遣单位员工异地受伤的，应当由哪个地方人社部门认定工伤？

法律咨询

王某系无锡某派遣公司职工，被公司派遣至南京某公司工作。某日，王某在上班途中发生交通事故，后无锡市劳动局作出工伤认定决定书，认定王某所受到的伤害为工伤。无锡某派遣公司认为，王某的劳动关系应当是和南京某公司间产生的，工伤认定应由南京市劳动局认定。试问，劳务派遣单位员工异地受伤的，应当由哪个地方人社部门认定工伤？

律师答疑

根据《人力资源社会保障部关于执行〈工伤保险条例〉若干问题的意见（二）》第7条的规定，劳务派遣单位跨地区派遣劳动者，应根据《劳务派遣暂行规定》参加工伤保险。由于员工与劳务派遣单位签订劳动合同、建立劳动关系，故劳务派遣单位是用人单位，应由劳务派遣单位承担工伤保险责任。而且《工伤保险条例》第17条第2款明确规定，工伤职工可以向用人单位所在地统筹地区社会保险行政部门提出工伤认定申请。因此，被派遣员工发生工伤后，应当向劳务派遣单位所在地社会保险行政部门提出申请。

法律依据

《工伤保险条例》第十七条

《人力资源社会保障部关于执行〈工伤保险条例〉若干问题的意见（二）》七

95. 用人单位不按规定履行裁决的，职工该怎么办？

法律咨询

老张是某公司司机。某日，老张在送单位同事办事途中发生交通事故。事后，该公司为老张申请了工伤认定。老张被认定为工伤后，该公司却拒绝承担自己应该承担的费用。后法院经审理，判决该公司承担医疗费等费用2.5万元，但该单位拒不履行该判决。那么，针对用人单位不按规定履行裁决的情况，职工该怎么办？

律师答疑

享受工伤待遇是工伤职工的法定权利。在我国，如果用人单位为职工缴纳了工伤保险，则工伤待遇相关费用的支付应由用人单位和工伤保险基金分担；如果用人单位未给职工缴纳工伤保险，则需要由用人单位独自按照《工伤保险条例》规定的标准，承担对工伤职工的工伤补偿。但现实生活中，用人单位拒绝按照仲裁裁决、法院判决等生效法律文书，履行工伤补偿义务的情况并不少见。

《劳动争议调解仲裁法》第51条规定，当事人对发生法律效力的调解书、裁决书，应当依照规定的期限履行。一方当事人逾期不履行的，另一方当事人可以依照《民事诉讼法》的有关规定向人民法院申请执行。受理申请的人民法院应当依法执行。工伤待遇纠纷从性质上讲当属民事争议范畴，对于工伤待遇裁决的强制执行当然应适用《民事诉讼法》的规定。由此可见，相关义务人不履行生效裁决中规定的义务时，权利人可以申请强制执行，此类强制执行应按照《民事诉讼法》的规定进行。《民事诉讼法》第44条规定，对依法设立的仲裁机构的裁决，一方当事人不履行的，对方当事人可以在法定期限内，向有管辖权的人民法院申请执行，受申请的人民法院有执行的职责。

法律依据

《中华人民共和国劳动争议调解仲裁法》

第五十一条　当事人对发生法律效力的调解书、裁决书，应当依照规定的期限履行。一方当事人逾期不履行的，另一方当事人可以依照民事诉讼法的有关规定向人民法院申请执行。受理申请的人民法院应当依法执行。

《中华人民共和国民事诉讼法》

第二百四十四条第一款　对依法设立的仲裁机构的裁决，一方当事人不履行的，对方当事人可以向有管辖权的人民法院申请执行。受申请的人民法院应当执行。

附　录

相关法律法规

1. 中华人民共和国社会保险法

(2010年10月28日第十一届全国人民代表大会常务委员会第十七次会议通过　根据2018年12月29日第十三届全国人民代表大会常务委员会第七次会议《关于修改〈中华人民共和国社会保险法〉的决定》修正)

第四章　工伤保险

第三十三条　职工应当参加工伤保险,由用人单位缴纳工伤保险费,职工不缴纳工伤保险费。

第三十四条　国家根据不同行业的工伤风险程度确定行业的差别费率,并根据使用工伤保险基金、工伤发生率等情况在每个行业内确定费率档次。行业差别费率和行业内费率档次由国务院社会保险行政部门制定,报国务院批准后公布施行。

社会保险经办机构根据用人单位使用工伤保险基金、工伤发生率和所属行业费率档次等情况,确定用人单位缴费费率。

第三十五条　用人单位应当按照本单位职工工资总额,根据社会保险经办机构确定的费率缴纳工伤保险费。

第三十六条　职工因工作原因受到事故伤害或者患职业病,且经工伤认定的,享受工伤保险待遇;其中,经劳动能力鉴定丧失劳动能力的,享受伤残待遇。

工伤认定和劳动能力鉴定应当简捷、方便。

第三十七条　职工因下列情形之一导致本人在工作中伤亡的,不认定为工伤:

(一)故意犯罪;

(二)醉酒或者吸毒;

（三）自残或者自杀；

（四）法律、行政法规规定的其他情形。

第三十八条 因工伤发生的下列费用，按照国家规定从工伤保险基金中支付：

（一）治疗工伤的医疗费用和康复费用；

（二）住院伙食补助费；

（三）到统筹地区以外就医的交通食宿费；

（四）安装配置伤残辅助器具所需费用；

（五）生活不能自理的，经劳动能力鉴定委员会确认的生活护理费；

（六）一次性伤残补助金和一至四级伤残职工按月领取的伤残津贴；

（七）终止或者解除劳动合同时，应当享受的一次性医疗补助金；

（八）因工死亡的，其遗属领取的丧葬补助金、供养亲属抚恤金和因工死亡补助金；

（九）劳动能力鉴定费。

第三十九条 因工伤发生的下列费用，按照国家规定由用人单位支付：

（一）治疗工伤期间的工资福利；

（二）五级、六级伤残职工按月领取的伤残津贴；

（三）终止或者解除劳动合同时，应当享受的一次性伤残就业补助金。

第四十条 工伤职工符合领取基本养老金条件的，停发伤残津贴，享受基本养老保险待遇。基本养老保险待遇低于伤残津贴的,从工伤保险基金中补足差额。

第四十一条 职工所在用人单位未依法缴纳工伤保险费,发生工伤事故的,由用人单位支付工伤保险待遇。用人单位不支付的,从工伤保险基金中先行支付。

从工伤保险基金中先行支付的工伤保险待遇应当由用人单位偿还。用人单位不偿还的,社会保险经办机构可以依照本法第六十三条的规定追偿。

第四十二条 由于第三人的原因造成工伤,第三人不支付工伤医疗费用或者无法确定第三人的,由工伤保险基金先行支付。工伤保险基金先行支付后,有权向第三人追偿。

第四十三条 工伤职工有下列情形之一的,停止享受工伤保险待遇:

(一)丧失享受待遇条件的;

(二)拒不接受劳动能力鉴定的;

(三)拒绝治疗的。

第七章 社会保险费征缴

第五十七条 用人单位应当自成立之日起三十日内凭营业执照、登记证书或者单位印章,向当地社会保险经办机构申请办理社会保险登记。社会保险经办机构应当自收到申请之日起十五日内予以审核,发给社会保险登记证件。

用人单位的社会保险登记事项发生变更或者用人单位依法终止的,应当自变更或者终止之日起三十日内,到社会保险经办机构办理变更或者注销社会保险登记。

市场监督管理部门、民政部门和机构编制管理机关应当及时向社会保险经办机构通报用人单位的成立、终止情况,公安机关应当及时向社会保险经办机构通报个人的出生、死亡以及户口登记、迁移、注销等情况。

第五十八条 用人单位应当自用工之日起三十日内为其职工向社会保险经办机构申请办理社会保险登记。未办理社会保险登记的，由社会保险经办机构核定其应当缴纳的社会保险费。

自愿参加社会保险的无雇工的个体工商户、未在用人单位参加社会保险的非全日制从业人员以及其他灵活就业人员，应当向社会保险经办机构申请办理社会保险登记。

国家建立全国统一的个人社会保障号码。个人社会保障号码为公民身份号码。

第五十九条 县级以上人民政府加强社会保险费的征收工作。

社会保险费实行统一征收，实施步骤和具体办法由国务院规定。

第六十条 用人单位应当自行申报、按时足额缴纳社会保险费，非因不可抗力等法定事由不得缓缴、减免。职工应当缴纳的社会保险费由用人单位代扣代缴，用人单位应当按月将缴纳社会保险费的明细情况告知本人。

无雇工的个体工商户、未在用人单位参加社会保险的非全日制从业人员以及其他灵活就业人员，可以直接向社会保险费征收机构缴纳社会保险费。

第六十一条 社会保险费征收机构应当依法按时足额征收社会保险费，并将缴费情况定期告知用人单位和个人。

第六十二条 用人单位未按规定申报应当缴纳的社会保险费数额的，按照该单位上月缴费额的百分之一百一十确定应当缴纳数额；缴费单位补办申报手续后，由社会保险费征收机构按照规定结算。

第六十三条 用人单位未按时足额缴纳社会保险费的，由社会保险费征收机构责令其限期缴纳或者补足。

用人单位逾期仍未缴纳或者补足社会保险费的，社会保险费征收机构可以向银行和其他金融机构查询其存款账户；并可以申请县级以上有关行政部门作出划拨社会保险费的决定，书面通知其开户银行或者其他金融机构划拨社会保险费。用人单位账户余额少于应当缴纳的社会保险费的，社会保险费征收机构可以要求该用人单位提供担保，签订延期缴费协议。

用人单位未足额缴纳社会保险费且未提供担保的，社会保险费征收机构可以申请人民法院扣押、查封、拍卖其价值相当于应当缴纳社会保险费的财产，以拍卖所得抵缴社会保险费。

第八章 社会保险基金

第六十四条 社会保险基金包括基本养老保险基金、基本医疗保险基金、工伤保险基金、失业保险基金和生育保险基金。除基本医疗保险基金与生育保险基金合并建账及核算外，其他各项社会保险基金按照社会保险险种分别建账，分账核算。社会保险基金执行国家统一的会计制度。

社会保险基金专款专用，任何组织和个人不得侵占或者挪用。

基本养老保险基金逐步实行全国统筹，其他社会保险基金逐步实行省级统筹，具体时间、步骤由国务院规定。

第六十五条 社会保险基金通过预算实现收支平衡。

县级以上人民政府在社会保险基金出现支付不足时，给予补贴。

第六十六条 社会保险基金按照统筹层次设立预算。除基本医疗保险基金与生育保险基金预算合并编制外，其他社会保险基金预算按照社会保险项目分别编制。

第六十七条　社会保险基金预算、决算草案的编制、审核和批准，依照法律和国务院规定执行。

第六十八条　社会保险基金存入财政专户，具体管理办法由国务院规定。

第六十九条　社会保险基金在保证安全的前提下，按照国务院规定投资运营实现保值增值。

社会保险基金不得违规投资运营，不得用于平衡其他政府预算，不得用于兴建、改建办公场所和支付人员经费、运行费用、管理费用，或者违反法律、行政法规规定挪作其他用途。

第七十条　社会保险经办机构应当定期向社会公布参加社会保险情况以及社会保险基金的收入、支出、结余和收益情况。

第七十一条　国家设立全国社会保障基金，由中央财政预算拨款以及国务院批准的其他方式筹集的资金构成，用于社会保障支出的补充、调剂。全国社会保障基金由全国社会保障基金管理运营机构负责管理运营，在保证安全的前提下实现保值增值。

全国社会保障基金应当定期向社会公布收支、管理和投资运营的情况。国务院财政部门、社会保险行政部门、审计机关对全国社会保障基金的收支、管理和投资运营情况实施监督。

第九章　社会保险经办

第七十二条　统筹地区设立社会保险经办机构。社会保险经办机构根据工作需要，经所在地的社会保险行政部门和机构编制管理机关批准，可以在本统筹地区设立分支机构和服务网点。

社会保险经办机构的人员经费和经办社会保险发生的基本运

行费用、管理费用，由同级财政按照国家规定予以保障。

第七十三条 社会保险经办机构应当建立健全业务、财务、安全和风险管理制度。

社会保险经办机构应当按时足额支付社会保险待遇。

第七十四条 社会保险经办机构通过业务经办、统计、调查获取社会保险工作所需的数据，有关单位和个人应当及时、如实提供。

社会保险经办机构应当及时为用人单位建立档案，完整、准确地记录参加社会保险的人员、缴费等社会保险数据，妥善保管登记、申报的原始凭证和支付结算的会计凭证。

社会保险经办机构应当及时、完整、准确地记录参加社会保险的个人缴费和用人单位为其缴费，以及享受社会保险待遇等个人权益记录，定期将个人权益记录单免费寄送本人。

用人单位和个人可以免费向社会保险经办机构查询、核对其缴费和享受社会保险待遇记录，要求社会保险经办机构提供社会保险咨询等相关服务。

第七十五条 全国社会保险信息系统按照国家统一规划，由县级以上人民政府按照分级负责的原则共同建设。

第十章 社会保险监督

第七十六条 各级人民代表大会常务委员会听取和审议本级人民政府对社会保险基金的收支、管理、投资运营以及监督检查情况的专项工作报告，组织对本法实施情况的执法检查等，依法行使监督职权。

第七十七条 县级以上人民政府社会保险行政部门应当加强对用人单位和个人遵守社会保险法律、法规情况的监督检查。

社会保险行政部门实施监督检查时，被检查的用人单位和个人应当如实提供与社会保险有关的资料，不得拒绝检查或者谎报、瞒报。

第七十八条　财政部门、审计机关按照各自职责，对社会保险基金的收支、管理和投资运营情况实施监督。

第七十九条　社会保险行政部门对社会保险基金的收支、管理和投资运营情况进行监督检查，发现存在问题的，应当提出整改建议，依法作出处理决定或者向有关行政部门提出处理建议。社会保险基金检查结果应当定期向社会公布。

社会保险行政部门对社会保险基金实施监督检查，有权采取下列措施：

（一）查阅、记录、复制与社会保险基金收支、管理和投资运营相关的资料，对可能被转移、隐匿或者灭失的资料予以封存；

（二）询问与调查事项有关的单位和个人，要求其对与调查事项有关的问题作出说明、提供有关证明材料；

（三）对隐匿、转移、侵占、挪用社会保险基金的行为予以制止并责令改正。

第八十条　统筹地区人民政府成立由用人单位代表、参保人员代表，以及工会代表、专家等组成的社会保险监督委员会，掌握、分析社会保险基金的收支、管理和投资运营情况，对社会保险工作提出咨询意见和建议，实施社会监督。

社会保险经办机构应当定期向社会保险监督委员会汇报社会保险基金的收支、管理和投资运营情况。社会保险监督委员会可以聘请会计师事务所对社会保险基金的收支、管理和投资运营情况进行年度审计和专项审计。审计结果应当向社会公开。

社会保险监督委员会发现社会保险基金收支、管理和投资运营中存在问题的，有权提出改正建议；对社会保险经办机构及其工作人员的违法行为，有权向有关部门提出依法处理建议。

第八十一条 社会保险行政部门和其他有关行政部门、社会保险经办机构、社会保险费征收机构及其工作人员，应当依法为用人单位和个人的信息保密，不得以任何形式泄露。

第八十二条 任何组织或者个人有权对违反社会保险法律、法规的行为进行举报、投诉。

社会保险行政部门、卫生行政部门、社会保险经办机构、社会保险费征收机构和财政部门、审计机关对属于本部门、本机构职责范围的举报、投诉，应当依法处理；对不属于本部门、本机构职责范围的，应当书面通知并移交有权处理的部门、机构处理。有权处理的部门、机构应当及时处理，不得推诿。

第八十三条 用人单位或者个人认为社会保险费征收机构的行为侵害自己合法权益的，可以依法申请行政复议或者提起行政诉讼。

用人单位或者个人对社会保险经办机构不依法办理社会保险登记、核定社会保险费、支付社会保险待遇、办理社会保险转移接续手续或者侵害其他社会保险权益的行为，可以依法申请行政复议或者提起行政诉讼。

个人与所在用人单位发生社会保险争议的，可以依法申请调解、仲裁，提起诉讼。用人单位侵害个人社会保险权益的，个人也可以要求社会保险行政部门或者社会保险费征收机构依法处理。

第十一章 法律责任

第八十四条 用人单位不办理社会保险登记的，由社会保险行政部门责令限期改正；逾期不改正的，对用人单位处应缴社会保险费数额一倍以上三倍以下的罚款，对其直接负责的主管人员和其他直接责任人员处五百元以上三千元以下的罚款。

第八十五条 用人单位拒不出具终止或者解除劳动关系证明的，依照《中华人民共和国劳动合同法》的规定处理。

第八十六条 用人单位未按时足额缴纳社会保险费的，由社会保险费征收机构责令限期缴纳或者补足，并自欠缴之日起，按日加收万分之五的滞纳金；逾期仍不缴纳的，由有关行政部门处欠缴数额一倍以上三倍以下的罚款。

第八十七条 社会保险经办机构以及医疗机构、药品经营单位等社会保险服务机构以欺诈、伪造证明材料或者其他手段骗取社会保险基金支出的，由社会保险行政部门责令退回骗取的社会保险金，处骗取金额二倍以上五倍以下的罚款；属于社会保险服务机构的，解除服务协议；直接负责的主管人员和其他直接责任人员有执业资格的，依法吊销其执业资格。

第八十八条 以欺诈、伪造证明材料或者其他手段骗取社会保险待遇的，由社会保险行政部门责令退回骗取的社会保险金，处骗取金额二倍以上五倍以下的罚款。

第八十九条 社会保险经办机构及其工作人员有下列行为之一的，由社会保险行政部门责令改正；给社会保险基金、用人单位或者个人造成损失的，依法承担赔偿责任；对直接负责的主管人员和其他直接责任人员依法给予处分：

（一）未履行社会保险法定职责的；

（二）未将社会保险基金存入财政专户的；

（三）克扣或者拒不按时支付社会保险待遇的；

（四）丢失或者篡改缴费记录、享受社会保险待遇记录等社会保险数据、个人权益记录的；

（五）有违反社会保险法律、法规的其他行为的。

第九十条 社会保险费征收机构擅自更改社会保险费缴费基数、费率，导致少收或者多收社会保险费的，由有关行政部门责令其追缴应当缴纳的社会保险费或者退还不应当缴纳的社会保险费；对直接负责的主管人员和其他直接责任人员依法给予处分。

第九十一条 违反本法规定，隐匿、转移、侵占、挪用社会保险基金或者违规投资运营的，由社会保险行政部门、财政部门、审计机关责令追回；有违法所得的，没收违法所得；对直接负责的主管人员和其他直接责任人员依法给予处分。

第九十二条 社会保险行政部门和其他有关行政部门、社会保险经办机构、社会保险费征收机构及其工作人员泄露用人单位和个人信息的，对直接负责的主管人员和其他直接责任人员依法给予处分；给用人单位或者个人造成损失的，应当承担赔偿责任。

第九十三条 国家工作人员在社会保险管理、监督工作中滥用职权、玩忽职守、徇私舞弊的，依法给予处分。

第九十四条 违反本法规定，构成犯罪的，依法追究刑事责任。

2. 工伤保险条例

（2003年4月27日中华人民共和国国务院令第375号公布 根据2010年12月20日《国务院关于修改〈工伤保险条例〉的决定》修订）

第一章 总 则

第一条 为了保障因工作遭受事故伤害或者患职业病的职工获得医疗救治和经济补偿，促进工伤预防和职业康复，分散用人单位的工伤风险，制定本条例。

第二条　中华人民共和国境内的企业、事业单位、社会团体、民办非企业单位、基金会、律师事务所、会计师事务所等组织和有雇工的个体工商户（以下称用人单位）应当依照本条例规定参加工伤保险，为本单位全部职工或者雇工（以下称职工）缴纳工伤保险费。

中华人民共和国境内的企业、事业单位、社会团体、民办非企业单位、基金会、律师事务所、会计师事务所等组织的职工和个体工商户的雇工，均有依照本条例的规定享受工伤保险待遇的权利。

第三条　工伤保险费的征缴按照《社会保险费征缴暂行条例》关于基本养老保险费、基本医疗保险费、失业保险费的征缴规定执行。

第四条　用人单位应当将参加工伤保险的有关情况在本单位内公示。

用人单位和职工应当遵守有关安全生产和职业病防治的法律法规，执行安全卫生规程和标准，预防工伤事故发生，避免和减少职业病危害。

职工发生工伤时，用人单位应当采取措施使工伤职工得到及时救治。

第五条　国务院社会保险行政部门负责全国的工伤保险工作。

县级以上地方各级人民政府社会保险行政部门负责本行政区域内的工伤保险工作。

社会保险行政部门按照国务院有关规定设立的社会保险经办机构（以下称经办机构）具体承办工伤保险事务。

第六条　社会保险行政部门等部门制定工伤保险的政策、标准,应当征求工会组织、用人单位代表的意见。

第二章　工伤保险基金

第七条　工伤保险基金由用人单位缴纳的工伤保险费、工伤保险基金的利息和依法纳入工伤保险基金的其他资金构成。

第八条　工伤保险费根据以支定收、收支平衡的原则,确定费率。

国家根据不同行业的工伤风险程度确定行业的差别费率,并根据工伤保险费使用、工伤发生率等情况在每个行业内确定若干费率档次。行业差别费率及行业内费率档次由国务院社会保险行政部门制定,报国务院批准后公布施行。

统筹地区经办机构根据用人单位工伤保险费使用、工伤发生率等情况,适用所属行业内相应的费率档次确定单位缴费费率。

第九条　国务院社会保险行政部门应当定期了解全国各统筹地区工伤保险基金收支情况,及时提出调整行业差别费率及行业内费率档次的方案,报国务院批准后公布施行。

第十条　用人单位应当按时缴纳工伤保险费。职工个人不缴纳工伤保险费。

用人单位缴纳工伤保险费的数额为本单位职工工资总额乘以单位缴费费率之积。

对难以按照工资总额缴纳工伤保险费的行业,其缴纳工伤保险费的具体方式,由国务院社会保险行政部门规定。

第十一条　工伤保险基金逐步实行省级统筹。

跨地区、生产流动性较大的行业,可以采取相对集中的方式异地参加统筹地区的工伤保险。具体办法由国务院社会保险行政部门会同有关行业的主管部门制定。

第十二条　工伤保险基金存入社会保障基金财政专户，用于本条例规定的工伤保险待遇，劳动能力鉴定，工伤预防的宣传、培训等费用，以及法律、法规规定的用于工伤保险的其他费用的支付。

工伤预防费用的提取比例、使用和管理的具体办法，由国务院社会保险行政部门会同国务院财政、卫生行政、安全生产监督管理等部门规定。

任何单位或者个人不得将工伤保险基金用于投资运营、兴建或者改建办公场所、发放奖金，或者挪作其他用途。

第十三条　工伤保险基金应当留有一定比例的储备金，用于统筹地区重大事故的工伤保险待遇支付；储备金不足支付的，由统筹地区的人民政府垫付。储备金占基金总额的具体比例和储备金的使用办法，由省、自治区、直辖市人民政府规定。

第三章　工伤认定

第十四条　职工有下列情形之一的，应当认定为工伤：

（一）在工作时间和工作场所内，因工作原因受到事故伤害的；

（二）工作时间前后在工作场所内，从事与工作有关的预备性或者收尾性工作受到事故伤害的；

（三）在工作时间和工作场所内，因履行工作职责受到暴力等意外伤害的；

（四）患职业病的；

（五）因工外出期间，由于工作原因受到伤害或者发生事故下落不明的；

（六）在上下班途中，受到非本人主要责任的交通事故或者城市轨道交通、客运轮渡、火车事故伤害的；

（七）法律、行政法规规定应当认定为工伤的其他情形。

第十五条 职工有下列情形之一的，视同工伤：

（一）在工作时间和工作岗位，突发疾病死亡或者在48小时之内经抢救无效死亡的；

（二）在抢险救灾等维护国家利益、公共利益活动中受到伤害的；

（三）职工原在军队服役，因战、因公负伤致残，已取得革命伤残军人证，到用人单位后旧伤复发的。

职工有前款第（一）项、第（二）项情形的，按照本条例的有关规定享受工伤保险待遇；职工有前款第（三）项情形的，按照本条例的有关规定享受除一次性伤残补助金以外的工伤保险待遇。

第十六条 职工符合本条例第十四条、第十五条的规定，但是有下列情形之一的，不得认定为工伤或者视同工伤：

（一）故意犯罪的；

（二）醉酒或者吸毒的；

（三）自残或者自杀的。

第十七条 职工发生事故伤害或者按照职业病防治法规定被诊断、鉴定为职业病，所在单位应当自事故伤害发生之日或者被诊断、鉴定为职业病之日起30日内，向统筹地区社会保险行政部门提出工伤认定申请。遇有特殊情况，经报社会保险行政部门同意，申请时限可以适当延长。

用人单位未按前款规定提出工伤认定申请的，工伤职工或者其近亲属、工会组织在事故伤害发生之日或者被诊断、鉴定为职业病之日起1年内，可以直接向用人单位所在地统筹地区社会保险行政部门提出工伤认定申请。

按照本条第一款规定应当由省级社会保险行政部门进行工伤认定的事项，根据属地原则由用人单位所在地的设区的市级社会保险行政部门办理。

用人单位未在本条第一款规定的时限内提交工伤认定申请，在此期间发生符合本条例规定的工伤待遇等有关费用由该用人单位负担。

第十八条 提出工伤认定申请应当提交下列材料：

（一）工伤认定申请表；

（二）与用人单位存在劳动关系（包括事实劳动关系）的证明材料；

（三）医疗诊断证明或者职业病诊断证明书（或者职业病诊断鉴定书）。

工伤认定申请表应当包括事故发生的时间、地点、原因以及职工伤害程度等基本情况。

工伤认定申请人提供材料不完整的，社会保险行政部门应当一次性书面告知工伤认定申请人需要补正的全部材料。申请人按照书面告知要求补正材料后，社会保险行政部门应当受理。

第十九条 社会保险行政部门受理工伤认定申请后，根据审核需要可以对事故伤害进行调查核实，用人单位、职工、工会组织、医疗机构以及有关部门应当予以协助。职业病诊断和诊断争议的鉴定，依照职业病防治法的有关规定执行。对依法取得职业病诊断证明书或者职业病诊断鉴定书的，社会保险行政部门不再进行调查核实。

职工或者其近亲属认为是工伤，用人单位不认为是工伤的，由用人单位承担举证责任。

第二十条 社会保险行政部门应当自受理工伤认定申请之日

起60日内作出工伤认定的决定,并书面通知申请工伤认定的职工或者其近亲属和该职工所在单位。

社会保险行政部门对受理的事实清楚、权利义务明确的工伤认定申请,应当在15日内作出工伤认定的决定。

作出工伤认定决定需要以司法机关或者有关行政主管部门的结论为依据的,在司法机关或者有关行政主管部门尚未作出结论期间,作出工伤认定决定的时限中止。

社会保险行政部门工作人员与工伤认定申请人有利害关系的,应当回避。

第四章 劳动能力鉴定

第二十一条 职工发生工伤,经治疗伤情相对稳定后存在残疾、影响劳动能力的,应当进行劳动能力鉴定。

第二十二条 劳动能力鉴定是指劳动功能障碍程度和生活自理障碍程度的等级鉴定。

劳动功能障碍分为十个伤残等级,最重的为一级,最轻的为十级。

生活自理障碍分为三个等级:生活完全不能自理、生活大部分不能自理和生活部分不能自理。

劳动能力鉴定标准由国务院社会保险行政部门会同国务院卫生行政部门等部门制定。

第二十三条 劳动能力鉴定由用人单位、工伤职工或者其近亲属向设区的市级劳动能力鉴定委员会提出申请,并提供工伤认定决定和职工工伤医疗的有关资料。

第二十四条 省、自治区、直辖市劳动能力鉴定委员会和设区的市级劳动能力鉴定委员会分别由省、自治区、直辖市和设区的市级社会保险行政部门、卫生行政部门、工会组织、经办机构代表以及用人单位代表组成。

劳动能力鉴定委员会建立医疗卫生专家库。列入专家库的医疗卫生专业技术人员应当具备下列条件：

（一）具有医疗卫生高级专业技术职务任职资格；

（二）掌握劳动能力鉴定的相关知识；

（三）具有良好的职业品德。

第二十五条　设区的市级劳动能力鉴定委员会收到劳动能力鉴定申请后，应当从其建立的医疗卫生专家库中随机抽取3名或者5名相关专家组成专家组，由专家组提出鉴定意见。设区的市级劳动能力鉴定委员会根据专家组的鉴定意见作出工伤职工劳动能力鉴定结论；必要时，可以委托具备资格的医疗机构协助进行有关的诊断。

设区的市级劳动能力鉴定委员会应当自收到劳动能力鉴定申请之日起60日内作出劳动能力鉴定结论，必要时，作出劳动能力鉴定结论的期限可以延长30日。劳动能力鉴定结论应当及时送达申请鉴定的单位和个人。

第二十六条　申请鉴定的单位或者个人对设区的市级劳动能力鉴定委员会作出的鉴定结论不服的，可以在收到该鉴定结论之日起15日内向省、自治区、直辖市劳动能力鉴定委员会提出再次鉴定申请。省、自治区、直辖市劳动能力鉴定委员会作出的劳动能力鉴定结论为最终结论。

第二十七条　劳动能力鉴定工作应当客观、公正。劳动能力鉴定委员会组成人员或者参加鉴定的专家与当事人有利害关系的，应当回避。

第二十八条 自劳动能力鉴定结论作出之日起 1 年后，工伤职工或者其近亲属、所在单位或者经办机构认为伤残情况发生变化的，可以申请劳动能力复查鉴定。

第二十九条 劳动能力鉴定委员会依照本条例第二十六条和第二十八条的规定进行再次鉴定和复查鉴定的期限，依照本条例第二十五条第二款的规定执行。

第五章 工伤保险待遇

第三十条 职工因工作遭受事故伤害或者患职业病进行治疗，享受工伤医疗待遇。

职工治疗工伤应当在签订服务协议的医疗机构就医，情况紧急时可以先到就近的医疗机构急救。

治疗工伤所需费用符合工伤保险诊疗项目目录、工伤保险药品目录、工伤保险住院服务标准的，从工伤保险基金支付。工伤保险诊疗项目目录、工伤保险药品目录、工伤保险住院服务标准，由国务院社会保险行政部门会同国务院卫生行政部门、食品药品监督管理部门等部门规定。

职工住院治疗工伤的伙食补助费，以及经医疗机构出具证明，报经办机构同意，工伤职工到统筹地区以外就医所需的交通、食宿费用从工伤保险基金支付，基金支付的具体标准由统筹地区人民政府规定。

工伤职工治疗非工伤引发的疾病，不享受工伤医疗待遇，按照基本医疗保险办法处理。

工伤职工到签订服务协议的医疗机构进行工伤康复的费用，符合规定的，从工伤保险基金支付。

第三十一条 社会保险行政部门作出认定为工伤的决定后发

生行政复议、行政诉讼的,行政复议和行政诉讼期间不停止支付工伤职工治疗工伤的医疗费用。

第三十二条 工伤职工因日常生活或者就业需要,经劳动能力鉴定委员会确认,可以安装假肢、矫形器、假眼、假牙和配置轮椅等辅助器具,所需费用按照国家规定的标准从工伤保险基金支付。

第三十三条 职工因工作遭受事故伤害或者患职业病需要暂停工作接受工伤医疗的,在停工留薪期内,原工资福利待遇不变,由所在单位按月支付。

停工留薪期一般不超过12个月。伤情严重或者情况特殊,经设区的市级劳动能力鉴定委员会确认,可以适当延长,但延长不得超过12个月。工伤职工评定伤残等级后,停发原待遇,按照本章的有关规定享受伤残待遇。工伤职工在停工留薪期满后仍需治疗的,继续享受工伤医疗待遇。

生活不能自理的工伤职工在停工留薪期需要护理的,由所在单位负责。

第三十四条 工伤职工已经评定伤残等级并经劳动能力鉴定委员会确认需要生活护理的,从工伤保险基金按月支付生活护理费。

生活护理费按照生活完全不能自理、生活大部分不能自理或者生活部分不能自理3个不同等级支付,其标准分别为统筹地区上年度职工月平均工资的50%、40%或者30%。

第三十五条 职工因工致残被鉴定为一级至四级伤残的,保留劳动关系,退出工作岗位,享受以下待遇:

(一)从工伤保险基金按伤残等级支付一次性伤残补助金,标准为:一级伤残为27个月的本人工资,二级伤残为25个月的本人

工资,三级伤残为23个月的本人工资,四级伤残为21个月的本人工资;

(二)从工伤保险基金按月支付伤残津贴,标准为:一级伤残为本人工资的90%,二级伤残为本人工资的85%,三级伤残为本人工资的80%,四级伤残为本人工资的75%。伤残津贴实际金额低于当地最低工资标准的,由工伤保险基金补足差额;

(三)工伤职工达到退休年龄并办理退休手续后,停发伤残津贴,按照国家有关规定享受基本养老保险待遇。基本养老保险待遇低于伤残津贴的,由工伤保险基金补足差额。

职工因工致残被鉴定为一级至四级伤残的,由用人单位和职工个人以伤残津贴为基数,缴纳基本医疗保险费。

第三十六条 职工因工致残被鉴定为五级、六级伤残的,享受以下待遇:

(一)从工伤保险基金按伤残等级支付一次性伤残补助金,标准为:五级伤残为18个月的本人工资,六级伤残为16个月的本人工资;

(二)保留与用人单位的劳动关系,由用人单位安排适当工作。难以安排工作的,由用人单位按月发给伤残津贴,标准为:五级伤残为本人工资的70%,六级伤残为本人工资的60%,并由用人单位按照规定为其缴纳应缴纳的各项社会保险费。伤残津贴实际金额低于当地最低工资标准的,由用人单位补足差额。

经工伤职工本人提出,该职工可以与用人单位解除或者终止劳动关系,由工伤保险基金支付一次性工伤医疗补助金,由用人单位支付一次性伤残就业补助金。一次性工伤医疗补助金和一次性伤残就业补助金的具体标准由省、自治区、直辖市人民政府规定。

第三十七条 职工因工致残被鉴定为七级至十级伤残的,享受以下待遇：

（一）从工伤保险基金按伤残等级支付一次性伤残补助金，标准为：七级伤残为13个月的本人工资，八级伤残为11个月的本人工资，九级伤残为9个月的本人工资，十级伤残为7个月的本人工资；

（二）劳动、聘用合同期满终止，或者职工本人提出解除劳动、聘用合同的，由工伤保险基金支付一次性工伤医疗补助金，由用人单位支付一次性伤残就业补助金。一次性工伤医疗补助金和一次性伤残就业补助金的具体标准由省、自治区、直辖市人民政府规定。

第三十八条 工伤职工工伤复发，确认需要治疗的，享受本条例第三十条、第三十二条和第三十三条规定的工伤待遇。

第三十九条 职工因工死亡，其近亲属按照下列规定从工伤保险基金领取丧葬补助金、供养亲属抚恤金和一次性工亡补助金：

（一）丧葬补助金为6个月的统筹地区上年度职工月平均工资；

（二）供养亲属抚恤金按照职工本人工资的一定比例发给由因工死亡职工生前提供主要生活来源、无劳动能力的亲属。标准为：配偶每月40%，其他亲属每人每月30%，孤寡老人或者孤儿每人每月在上述标准的基础上增加10%。核定的各供养亲属的抚恤金之和不应高于因工死亡职工生前的工资。供养亲属的具体范围由国务院社会保险行政部门规定；

（三）一次性工亡补助金标准为上一年度全国城镇居民人均可支配收入的20倍。

伤残职工在停工留薪期内因工伤导致死亡的，其近亲属享受本条第一款规定的待遇。

一级至四级伤残职工在停工留薪期满后死亡的,其近亲属可以享受本条第一款第(一)项、第(二)项规定的待遇。

第四十条 伤残津贴、供养亲属抚恤金、生活护理费由统筹地区社会保险行政部门根据职工平均工资和生活费用变化等情况适时调整。调整办法由省、自治区、直辖市人民政府规定。

第四十一条 职工因工外出期间发生事故或者在抢险救灾中下落不明的,从事故发生当月起3个月内照发工资,从第4个月起停发工资,由工伤保险基金向其供养亲属按月支付供养亲属抚恤金。生活有困难的,可以预支一次性工亡补助金的50%。职工被人民法院宣告死亡的,按照本条例第三十九条职工因工死亡的规定处理。

第四十二条 工伤职工有下列情形之一的,停止享受工伤保险待遇:

(一)丧失享受待遇条件的;

(二)拒不接受劳动能力鉴定的;

(三)拒绝治疗的。

第四十三条 用人单位分立、合并、转让的,承继单位应当承担原用人单位的工伤保险责任;原用人单位已经参加工伤保险的,承继单位应当到当地经办机构办理工伤保险变更登记。

用人单位实行承包经营的,工伤保险责任由职工劳动关系所在单位承担。

职工被借调期间受到工伤事故伤害的,由原用人单位承担工伤保险责任,但原用人单位与借调单位可以约定补偿办法。

企业破产的,在破产清算时依法拨付应当由单位支付的工伤保险待遇费用。

第四十四条 职工被派遣出境工作,依据前往国家或者地区的法律应当参加当地工伤保险的,参加当地工伤保险,其国内工伤保险关系中止;不能参加当地工伤保险的,其国内工伤保险关系不中止。

第四十五条 职工再次发生工伤,根据规定应当享受伤残津贴的,按照新认定的伤残等级享受伤残津贴待遇。

第六章 监督管理

第四十六条 经办机构具体承办工伤保险事务,履行下列职责:

(一)根据省、自治区、直辖市人民政府规定,征收工伤保险费;

(二)核查用人单位的工资总额和职工人数,办理工伤保险登记,并负责保存用人单位缴费和职工享受工伤保险待遇情况的记录;

(三)进行工伤保险的调查、统计;

(四)按照规定管理工伤保险基金的支出;

(五)按照规定核定工伤保险待遇;

(六)为工伤职工或者其近亲属免费提供咨询服务。

第四十七条 经办机构与医疗机构、辅助器具配置机构在平等协商的基础上签订服务协议,并公布签订服务协议的医疗机构、辅助器具配置机构的名单。具体办法由国务院社会保险行政部门分别会同国务院卫生行政部门、民政部门等部门制定。

第四十八条 经办机构按照协议和国家有关目录、标准对工伤职工医疗费用、康复费用、辅助器具费用的使用情况进行核查,并按时足额结算费用。

第四十九条 经办机构应当定期公布工伤保险基金的收支情况,及时向社会保险行政部门提出调整费率的建议。

第五十条 社会保险行政部门、经办机构应当定期听取工伤职工、医疗机构、辅助器具配置机构以及社会各界对改进工伤保险工作的意见。

第五十一条 社会保险行政部门依法对工伤保险费的征缴和工伤保险基金的支付情况进行监督检查。

财政部门和审计机关依法对工伤保险基金的收支、管理情况进行监督。

第五十二条 任何组织和个人对有关工伤保险的违法行为,有权举报。社会保险行政部门对举报应当及时调查,按照规定处理,并为举报人保密。

第五十三条 工会组织依法维护工伤职工的合法权益,对用人单位的工伤保险工作实行监督。

第五十四条 职工与用人单位发生工伤待遇方面的争议,按照处理劳动争议的有关规定处理。

第五十五条 有下列情形之一的,有关单位或者个人可以依法申请行政复议,也可以依法向人民法院提起行政诉讼:

(一)申请工伤认定的职工或者其近亲属、该职工所在单位对工伤认定申请不予受理的决定不服的;

(二)申请工伤认定的职工或者其近亲属、该职工所在单位对工伤认定结论不服的;

(三)用人单位对经办机构确定的单位缴费费率不服的;

(四)签订服务协议的医疗机构、辅助器具配置机构认为经办机构未履行有关协议或者规定的;

(五)工伤职工或者其近亲属对经办机构核定的工伤保险待遇

有异议的。

第七章 法律责任

第五十六条 单位或者个人违反本条例第十二条规定挪用工伤保险基金，构成犯罪的，依法追究刑事责任；尚不构成犯罪的，依法给予处分或者纪律处分。被挪用的基金由社会保险行政部门追回，并入工伤保险基金；没收的违法所得依法上缴国库。

第五十七条 社会保险行政部门工作人员有下列情形之一的，依法给予处分；情节严重，构成犯罪的，依法追究刑事责任：

（一）无正当理由不受理工伤认定申请，或者弄虚作假将不符合工伤条件的人员认定为工伤职工的；

（二）未妥善保管申请工伤认定的证据材料，致使有关证据灭失的；

（三）收受当事人财物的。

第五十八条 经办机构有下列行为之一的，由社会保险行政部门责令改正，对直接负责的主管人员和其他责任人员依法给予纪律处分；情节严重，构成犯罪的，依法追究刑事责任；造成当事人经济损失的，由经办机构依法承担赔偿责任：

（一）未按规定保存用人单位缴费和职工享受工伤保险待遇情况记录的；

（二）不按规定核定工伤保险待遇的；

（三）收受当事人财物的。

第五十九条 医疗机构、辅助器具配置机构不按服务协议提供服务的，经办机构可以解除服务协议。

经办机构不按时足额结算费用的，由社会保险行政部门责令改正；医疗机构、辅助器具配置机构可以解除服务协议。

第六十条 用人单位、工伤职工或者其近亲属骗取工伤保险待遇，医疗机构、辅助器具配置机构骗取工伤保险基金支出的，由社会保险行政部门责令退还，处骗取金额2倍以上5倍以下的罚款；情节严重，构成犯罪的，依法追究刑事责任。

第六十一条 从事劳动能力鉴定的组织或者个人有下列情形之一的，由社会保险行政部门责令改正，处2000元以上1万元以下的罚款；情节严重，构成犯罪的，依法追究刑事责任：

（一）提供虚假鉴定意见的；

（二）提供虚假诊断证明的；

（三）收受当事人财物的。

第六十二条 用人单位依照本条例规定应当参加工伤保险而未参加的，由社会保险行政部门责令限期参加，补缴应当缴纳的工伤保险费，并自欠缴之日起，按日加收万分之五的滞纳金；逾期仍不缴纳的，处欠缴数额1倍以上3倍以下的罚款。

依照本条例规定应当参加工伤保险而未参加工伤保险的用人单位职工发生工伤的，由该用人单位按照本条例规定的工伤保险待遇项目和标准支付费用。

用人单位参加工伤保险并补缴应当缴纳的工伤保险费、滞纳金后，由工伤保险基金和用人单位依照本条例的规定支付新发生的费用。

第六十三条 用人单位违反本条例第十九条的规定，拒不协助社会保险行政部门对事故进行调查核实的，由社会保险行政部门责令改正，处2000元以上2万元以下的罚款。

第八章 附 则

第六十四条 本条例所称工资总额，是指用人单位直接支付给本单位全部职工的劳动报酬总额。

本条例所称本人工资，是指工伤职工因工作遭受事故伤害或者患职业病前12个月平均月缴费工资。本人工资高于统筹地区职工平均工资300%的，按照统筹地区职工平均工资的300%计算；本人工资低于统筹地区职工平均工资60%的，按照统筹地区职工平均工资的60%计算。

第六十五条　公务员和参照公务员法管理的事业单位、社会团体的工作人员因工作遭受事故伤害或者患职业病的，由所在单位支付费用。具体办法由国务院社会保险行政部门会同国务院财政部门规定。

第六十六条　无营业执照或者未经依法登记、备案的单位以及被依法吊销营业执照或者撤销登记、备案的单位的职工受到事故伤害或者患职业病的，由该单位向伤残职工或者死亡职工的近亲属给予一次性赔偿，赔偿标准不得低于本条例规定的工伤保险待遇；用人单位不得使用童工，用人单位使用童工造成童工伤残、死亡的，由该单位向童工或者童工的近亲属给予一次性赔偿，赔偿标准不得低于本条例规定的工伤保险待遇。具体办法由国务院社会保险行政部门规定。

前款规定的伤残职工或者死亡职工的近亲属就赔偿数额与单位发生争议的，以及前款规定的童工或者童工的近亲属就赔偿数额与单位发生争议的，按照处理劳动争议的有关规定处理。

第六十七条　本条例自2004年1月1日起施行。本条例施行前已受到事故伤害或者患职业病的职工尚未完成工伤认定的，按照本条例的规定执行。

3. 工伤认定办法

(2010年12月31日人力资源和社会保障部令第8号公布 自2011年1月1日起施行)

第一条 为规范工伤认定程序,依法进行工伤认定,维护当事人的合法权益,根据《工伤保险条例》的有关规定,制定本办法。

第二条 社会保险行政部门进行工伤认定按照本办法执行。

第三条 工伤认定应当客观公正、简捷方便,认定程序应当向社会公开。

第四条 职工发生事故伤害或者按照职业病防治法规定被诊断、鉴定为职业病,所在单位应当自事故伤害发生之日或者被诊断、鉴定为职业病之日起30日内,向统筹地区社会保险行政部门提出工伤认定申请。遇有特殊情况,经报社会保险行政部门同意,申请时限可以适当延长。

按照前款规定应当向省级社会保险行政部门提出工伤认定申请的,根据属地原则应当向用人单位所在地设区的市级社会保险行政部门提出。

第五条 用人单位未在规定的时限内提出工伤认定申请的,受伤害职工或者其近亲属、工会组织在事故伤害发生之日或者被诊断、鉴定为职业病之日起1年内,可以直接按照本办法第四条规定提出工伤认定申请。

第六条 提出工伤认定申请应当填写《工伤认定申请表》,并提交下列材料:

(一)劳动、聘用合同文本复印件或者与用人单位存在劳动关系(包括事实劳动关系)、人事关系的其他证明材料;

(二)医疗机构出具的受伤后诊断证明书或者职业病诊断证明

书（或者职业病诊断鉴定书）。

第七条 工伤认定申请人提交的申请材料符合要求，属于社会保险行政部门管辖范围且在受理时限内的，社会保险行政部门应当受理。

第八条 社会保险行政部门收到工伤认定申请后，应当在15日内对申请人提交的材料进行审核，材料完整的，作出受理或者不予受理的决定；材料不完整的，应当以书面形式一次性告知申请人需要补正的全部材料。社会保险行政部门收到申请人提交的全部补正材料后，应当在15日内作出受理或者不予受理的决定。

社会保险行政部门决定受理的，应当出具《工伤认定申请受理决定书》；决定不予受理的，应当出具《工伤认定申请不予受理决定书》。

第九条 社会保险行政部门受理工伤认定申请后，可以根据需要对申请人提供的证据进行调查核实。

第十条 社会保险行政部门进行调查核实，应当由两名以上工作人员共同进行，并出示执行公务的证件。

第十一条 社会保险行政部门工作人员在工伤认定中，可以进行以下调查核实工作：

（一）根据工作需要，进入有关单位和事故现场；

（二）依法查阅与工伤认定有关的资料，询问有关人员并作出调查笔录；

（三）记录、录音、录像和复制与工伤认定有关的资料。

调查核实工作的证据收集参照行政诉讼证据收集的有关规定执行。

第十二条 社会保险行政部门工作人员进行调查核实时，有关单位和个人应当予以协助。用人单位、工会组织、医疗机构以及有关部门应当负责安排相关人员配合工作，据实提供情况和证明材料。

第十三条 社会保险行政部门在进行工伤认定时，对申请人提供的符合国家有关规定的职业病诊断证明书或者职业病诊断鉴定书，不再进行调查核实。职业病诊断证明书或者职业病诊断鉴定书不符合国家规定的要求和格式的，社会保险行政部门可以要求出具证据部门重新提供。

第十四条 社会保险行政部门受理工伤认定申请后，可以根据工作需要，委托其他统筹地区的社会保险行政部门或者相关部门进行调查核实。

第十五条 社会保险行政部门工作人员进行调查核实时，应当履行下列义务：

（一）保守有关单位商业秘密以及个人隐私；

（二）为提供情况的有关人员保密。

第十六条 社会保险行政部门工作人员与工伤认定申请人有利害关系的，应当回避。

第十七条 职工或者其近亲属认为是工伤，用人单位不认为是工伤的，由该用人单位承担举证责任。用人单位拒不举证的，社会保险行政部门可以根据受伤害职工提供的证据或者调查取得的证据，依法作出工伤认定决定。

第十八条 社会保险行政部门应当自受理工伤认定申请之日起 60 日内作出工伤认定决定，出具《认定工伤决定书》或者《不予认定工伤决定书》。

第十九条 《认定工伤决定书》应当载明下列事项：

（一）用人单位全称；

（二）职工的姓名、性别、年龄、职业、身份证号码；

（三）受伤害部位、事故时间和诊断时间或职业病名称、受伤害经过和核实情况、医疗救治的基本情况和诊断结论；

（四）认定工伤或者视同工伤的依据；

（五）不服认定决定申请行政复议或者提起行政诉讼的部门和时限；

（六）作出认定工伤或者视同工伤决定的时间。

《不予认定工伤决定书》应当载明下列事项：

（一）用人单位全称；

（二）职工的姓名、性别、年龄、职业、身份证号码；

（三）不予认定工伤或者不视同工伤的依据；

（四）不服认定决定申请行政复议或者提起行政诉讼的部门和时限；

（五）作出不予认定工伤或者不视同工伤决定的时间。

《认定工伤决定书》和《不予认定工伤决定书》应当加盖社会保险行政部门工伤认定专用印章。

第二十条 社会保险行政部门受理工伤认定申请后，作出工伤认定决定需要以司法机关或者有关行政主管部门的结论为依据的，在司法机关或者有关行政主管部门尚未作出结论期间，作出工伤认定决定的时限中止，并书面通知申请人。

第二十一条 社会保险行政部门对于事实清楚、权利义务明确的工伤认定申请，应当自受理工伤认定申请之日起15日内作出工伤认定决定。

第二十二条 社会保险行政部门应当自工伤认定决定作出之日起20日内，将《认定工伤决定书》或者《不予认定工伤决定书》送达受伤害职工（或者其近亲属）和用人单位，并抄送社会保险经办机构。

《认定工伤决定书》和《不予认定工伤决定书》的送达参照民事法律有关送达的规定执行。

第二十三条 职工或者其近亲属、用人单位对不予受理决定不服或者对工伤认定决定不服的，可以依法申请行政复议或者提起行政诉讼。

第二十四条 工伤认定结束后，社会保险行政部门应当将工伤认定的有关资料保存50年。

第二十五条 用人单位拒不协助社会保险行政部门对事故伤害进行调查核实的，由社会保险行政部门责令改正，处2000元以上2万元以下的罚款。

第二十六条 本办法中的《工伤认定申请表》、《工伤认定申请受理决定书》、《工伤认定申请不予受理决定书》、《认定工伤决定书》、《不予认定工伤决定书》的样式由国务院社会保险行政部门统一制定。

第二十七条 本办法自2011年1月1日起施行。劳动和社会保障部2003年9月23日颁布的《工伤认定办法》同时废止。

4. 人力资源和社会保障部关于执行《工伤保险条例》若干问题的意见

（2013年4月25日人社部发〔2013〕34号发布 自发布之日起施行）

各省、自治区、直辖市及新疆生产建设兵团人力资源社会保障厅(局)：

《国务院关于修改〈工伤保险条例〉的决定》(国务院令第586号)已经于2011年1月1日实施。为贯彻执行新修订的《工伤保险条例》，妥善解决实际工作中的问题，更好地保障职工和用人单位的合法权益，现提出如下意见。

一、《工伤保险条例》（以下简称《条例》）第十四条第（五）项规定的“因工外出期间”的认定，应当考虑职工外出是否属于用人单位指派的因工作外出，遭受的事故伤害是否因工作原因所致。

二、《条例》第十四条第（六）项规定的“非本人主要责任”的认定，应当以有关机关出具的法律文书或者人民法院的生效裁决为依据。

三、《条例》第十六条第（一）项“故意犯罪”的认定，应当以司法机关的生效法律文书或者结论性意见为依据。

四、《条例》第十六条第（二）项“醉酒或者吸毒”的认定，应当以有关机关出具的法律文书或者人民法院的生效裁决为依据。无法获得上述证据的，可以结合相关证据认定。

五、社会保险行政部门受理工伤认定申请后，发现劳动关系存在争议且无法确认的，应告知当事人可以向劳动人事争议仲裁委员会申请仲裁。在此期间，作出工伤认定决定的时限中止，并书面通知申请工伤认定的当事人。劳动关系依法确认后，当事人应将有关法律文书送交受理工伤认定申请的社会保险行政部门，该部门自收到生效法律文书之日起恢复工伤认定程序。

六、符合《条例》第十五条第（一）项情形的，职工所在用人单位原则上应自职工死亡之日起5个工作日内向用人单位所在统筹地区社会保险行政部门报告。

七、具备用工主体资格的承包单位违反法律、法规规定，将承包业务转包、分包给不具备用工主体资格的组织或者自然人，该组织或者自然人招用的劳动者从事承包业务时因工伤亡的，由该具备用工主体资格的承包单位承担用人单位依法应承担的工伤保险责任。

八、曾经从事接触职业病危害作业、当时没有发现罹患职业病、离开工作岗位后被诊断或鉴定为职业病的符合下列条件的人员，可以自诊断、鉴定为职业病之日起一年内申请工伤认定，社会保险行政部门应当受理：

（一）办理退休手续后，未再从事接触职业病危害作业的退休人员；

（二）劳动或聘用合同期满后或者本人提出而解除劳动或聘用合同后，未再从事接触职业病危害作业的人员。

经工伤认定和劳动能力鉴定，前款第（一）项人员符合领取一次性伤残补助金条件的，按就高原则以本人退休前12个月平均月缴费工资或者确诊职业病前12个月的月平均养老金为基数计发。前款第（二）项人员被鉴定为一级至十级伤残、按《条例》规定应以本人工资作为基数享受相关待遇的，按本人终止或者解除劳动、聘用合同前12个月平均月缴费工资计发。

九、按照本意见第八条规定被认定为工伤的职业病人员，职业病诊断证明书（或职业病诊断鉴定书）中明确的用人单位，在该职工从业期间依法为其缴纳工伤保险费的，按《条例》的规定，分别由工伤保险基金和用人单位支付工伤保险待遇；未依法为该职工缴纳工伤保险费的，由用人单位按照《条例》规定的相关项目和标准支付待遇。

十、职工在同一用人单位连续工作期间多次发生工伤的，符合《条例》第三十六、第三十七条规定领取相关待遇时，按照其在同一用人单位发生工伤的最高伤残级别，计发一次性伤残就业补助金和一次性工伤医疗补助金。

十一、依据《条例》第四十二条的规定停止支付工伤保险待遇的，在停止支付待遇的情形消失后，自下月起恢复工伤保险待遇，停止支付的工伤保险待遇不予补发。

十二、《条例》第六十二条第三款规定的“新发生的费用”，是指用人单位职工参加工伤保险前发生工伤的，在参加工伤保险后新发生的费用。

十三、由工伤保险基金支付的各项待遇应按《条例》相关规定支付，不得采取将长期待遇改为一次性支付的办法。

十四、核定工伤职工工伤保险待遇时，若上一年度相关数据尚未公布，可暂按前一年度的全国城镇居民人均可支配收入、统筹地区职工月平均工资核定和计发，待相关数据公布后再重新核定，社会保险经办机构或者用人单位予以补发差额部分。

本意见自发文之日起执行，此前有关规定与本意见不一致的，按本意见执行。执行中有重大问题，请及时报告我部。

人力资源和社会保障部

2013年4月25日

5. 人力资源社会保障部关于执行《工伤保险条例》若干问题的意见（二）

（2016年3月28日人社部发〔2016〕29号发布　自发布之日起执行）

各省、自治区、直辖市及新疆生产建设兵团人力资源社会保障厅（局）：

为更好地贯彻执行新修订的《工伤保险条例》，提高依法行政能力和水平，妥善解决实际工作中的问题，保障职工和用人单位合法权益，现提出如下意见：

一、一级至四级工伤职工死亡，其近亲属同时符合领取工伤保险丧葬补助金、供养亲属抚恤金待遇和职工基本养老保险丧葬补助金、抚恤金待遇条件的,由其近亲属选择领取工伤保险或职工基本养老保险其中一种。

二、达到或超过法定退休年龄,但未办理退休手续或者未依法享受城镇职工基本养老保险待遇,继续在原用人单位工作期间受到事故伤害或患职业病的,用人单位依法承担工伤保险责任。

用人单位招用已经达到、超过法定退休年龄或已经领取城镇职工基本养老保险待遇的人员,在用工期间因工作原因受到事故伤害或患职业病的,如招用单位已按项目参保等方式为其缴纳工伤保险费的,应适用《工伤保险条例》。

三、《工伤保险条例》第六十二条规定的"新发生的费用",是指用人单位参加工伤保险前发生工伤的职工,在参加工伤保险后新发生的费用。其中由工伤保险基金支付的费用,按不同情况予以处理:

(一)因工受伤的,支付参保后新发生的工伤医疗费、工伤康复费、住院伙食补助费、统筹地区以外就医交通食宿费、辅助器具配置费、生活护理费、一级至四级伤残职工伤残津贴,以及参保后解除劳动合同时的一次性工伤医疗补助金;

(二)因工死亡的,支付参保后新发生的符合条件的供养亲属抚恤金。

四、职工在参加用人单位组织或者受用人单位指派参加其他单位组织的活动中受到事故伤害的,应当视为工作原因,但参加与工作无关的活动除外。

五、职工因工作原因驻外,有固定的住所、有明确的作息时间,工伤认定时按照在驻在地当地正常工作的情形处理。

六、职工以上下班为目的、在合理时间内往返于工作单位和居住地之间的合理路线，视为上下班途中。

七、用人单位注册地与生产经营地不在同一统筹地区的，原则上应在注册地为职工参加工伤保险；未在注册地参加工伤保险的职工，可由用人单位在生产经营地为其参加工伤保险。

劳务派遣单位跨地区派遣劳动者，应根据《劳务派遣暂行规定》参加工伤保险。建筑施工企业按项目参保的，应在施工项目所在地参加工伤保险。

职工受到事故伤害或者患职业病后，在参保地进行工伤认定、劳动能力鉴定，并按照参保地的规定依法享受工伤保险待遇；未参加工伤保险的职工，应当在生产经营地进行工伤认定、劳动能力鉴定，并按照生产经营地的规定依法由用人单位支付工伤保险待遇。

八、有下列情形之一的，被延误的时间不计算在工伤认定申请时限内。

（一）受不可抗力影响的；

（二）职工由于被国家机关依法采取强制措施等人身自由受到限制不能申请工伤认定的；

（三）申请人正式提交了工伤认定申请，但因社会保险机构未登记或者材料遗失等原因造成申请超时限的；

（四）当事人就确认劳动关系申请劳动仲裁或提起民事诉讼的；

（五）其他符合法律法规规定的情形。

九、《工伤保险条例》第六十七条规定的“尚未完成工伤认定的”，是指在《工伤保险条例》施行前遭受事故伤害或被诊断鉴定为职业病，且在工伤认定申请法定时限内（从《工伤保险条例》施行之日起算）提出工伤认定申请，尚未做出工伤认定的情形。

十、因工伤认定申请人或者用人单位隐瞒有关情况或者提供虚假材料，导致工伤认定决定错误的，社会保险行政部门发现后，应当及时予以更正。

本意见自发文之日起执行，此前有关规定与本意见不一致的，按本意见执行。执行中有重大问题，请及时报告我部。

人力资源社会保障部

2016 年 3 月 28 日

6. 部分行业企业工伤保险费缴纳办法

（2010 年 12 月 31 日人力资源和社会保障部令第 10 号公布 自 2011 年 1 月 1 日起施行）

第一条 根据《工伤保险条例》第十条第三款的授权，制定本办法。

第二条 本办法所称的部分行业企业是指建筑、服务、矿山等行业中难以直接按照工资总额计算缴纳工伤保险费的建筑施工企业、小型服务企业、小型矿山企业等。

前款所称小型服务企业、小型矿山企业的划分标准可以参照《中小企业标准暂行规定》（国经贸中小企〔2003〕143 号）执行。

第三条 建筑施工企业可以实行以建筑施工项目为单位，按照项目工程总造价的一定比例，计算缴纳工伤保险费。

第四条 商贸、餐饮、住宿、美容美发、洗浴以及文体娱乐等小型服务业企业以及有雇工的个体工商户，可以按照营业面积的大小核定应参保人数，按照所在统筹地区上一年度职工月平均工资的一定比例和相应的费率，计算缴纳工伤保险费；也可以按照营业额的一定比例计算缴纳工伤保险费。

第五条 小型矿山企业可以按照总产量、吨矿工资含量和相应的费率计算缴纳工伤保险费。

第六条　本办法中所列部分行业企业工伤保险费缴纳的具体计算办法，由省级社会保险行政部门根据本地区实际情况确定。

第七条　本办法自2011年1月1日起施行。

7. 工伤职工劳动能力鉴定管理办法

（2014年2月20日人力资源社会保障部、国家卫生和计划生育委员会令第21号公布　根据2018年12月14日《人力资源社会保障部关于修改部分规章的决定》修订）

第一章　总　　则

第一条　为了加强劳动能力鉴定管理，规范劳动能力鉴定程序，根据《中华人民共和国社会保险法》、《中华人民共和国职业病防治法》和《工伤保险条例》，制定本办法。

第二条　劳动能力鉴定委员会依据《劳动能力鉴定　职工工伤与职业病致残等级》国家标准，对工伤职工劳动功能障碍程度和生活自理障碍程度组织进行技术性等级鉴定，适用本办法。

第三条　省、自治区、直辖市劳动能力鉴定委员会和设区的市级（含直辖市的市辖区、县，下同）劳动能力鉴定委员会分别由省、自治区、直辖市和设区的市级人力资源社会保障行政部门、卫生计生行政部门、工会组织、用人单位代表以及社会保险经办机构代表组成。

承担劳动能力鉴定委员会日常工作的机构，其设置方式由各地根据实际情况决定。

第四条　劳动能力鉴定委员会履行下列职责：

（一）选聘医疗卫生专家，组建医疗卫生专家库，对专家进行培

训和管理;

(二)组织劳动能力鉴定;

(三)根据专家组的鉴定意见作出劳动能力鉴定结论;

(四)建立完整的鉴定数据库,保管鉴定工作档案50年;

(五)法律、法规、规章规定的其他职责。

第五条 设区的市级劳动能力鉴定委员会负责本辖区内的劳动能力初次鉴定、复查鉴定。

省、自治区、直辖市劳动能力鉴定委员会负责对初次鉴定或者复查鉴定结论不服提出的再次鉴定。

第六条 劳动能力鉴定相关政策、工作制度和业务流程应当向社会公开。

第二章 鉴定程序

第七条 职工发生工伤,经治疗伤情相对稳定后存在残疾、影响劳动能力的,或者停工留薪期满(含劳动能力鉴定委员会确认的延长期限),工伤职工或者其用人单位应当及时向设区的市级劳动能力鉴定委员会提出劳动能力鉴定申请。

第八条 申请劳动能力鉴定应当填写劳动能力鉴定申请表,并提交下列材料:

(一)有效的诊断证明、按照医疗机构病历管理有关规定复印或者复制的检查、检验报告等完整病历材料;

(二)工伤职工的居民身份证或者社会保障卡等其他有效身份证明原件。

第九条 劳动能力鉴定委员会收到劳动能力鉴定申请后,应当及时对申请人提交的材料进行审核;申请人提供材料不完整的,劳动能力鉴定委员会应当自收到劳动能力鉴定申请之日起5个工作日内一次性书面告知申请人需要补正的全部材料。

申请人提供材料完整的，劳动能力鉴定委员会应当及时组织鉴定，并在收到劳动能力鉴定申请之日起60日内作出劳动能力鉴定结论。伤情复杂、涉及医疗卫生专业较多的，作出劳动能力鉴定结论的期限可以延长30日。

第十条　劳动能力鉴定委员会应当视伤情程度等从医疗卫生专家库中随机抽取3名或者5名与工伤职工伤情相关科别的专家组成专家组进行鉴定。

第十一条　劳动能力鉴定委员会应当提前通知工伤职工进行鉴定的时间、地点以及应当携带的材料。工伤职工应当按照通知的时间、地点参加现场鉴定。对行动不便的工伤职工，劳动能力鉴定委员会可以组织专家上门进行劳动能力鉴定。组织劳动能力鉴定的工作人员应当对工伤职工的身份进行核实。

工伤职工因故不能按时参加鉴定的，经劳动能力鉴定委员会同意，可以调整现场鉴定的时间，作出劳动能力鉴定结论的期限相应顺延。

第十二条　因鉴定工作需要，专家组提出应当进行有关检查和诊断的，劳动能力鉴定委员会可以委托具备资格的医疗机构协助进行有关的检查和诊断。

第十三条　专家组根据工伤职工伤情，结合医疗诊断情况，依据《劳动能力鉴定　职工工伤与职业病致残等级》国家标准提出鉴定意见。参加鉴定的专家都应当签署意见并签名。

专家意见不一致时，按照少数服从多数的原则确定专家组的鉴定意见。

第十四条　劳动能力鉴定委员会根据专家组的鉴定意见作出

劳动能力鉴定结论。劳动能力鉴定结论书应当载明下列事项：

（一）工伤职工及其用人单位的基本信息；

（二）伤情介绍，包括伤残部位、器官功能障碍程度、诊断情况等；

（三）作出鉴定的依据；

（四）鉴定结论。

第十五条 劳动能力鉴定委员会应当自作出鉴定结论之日起20日内将劳动能力鉴定结论及时送达工伤职工及其用人单位，并抄送社会保险经办机构。

第十六条 工伤职工或者其用人单位对初次鉴定结论不服的，可以在收到该鉴定结论之日起15日内向省、自治区、直辖市劳动能力鉴定委员会申请再次鉴定。

申请再次鉴定，应当提供劳动能力鉴定申请表，以及工伤职工的居民身份证或者社会保障卡等有效身份证明原件。

省、自治区、直辖市劳动能力鉴定委员会作出的劳动能力鉴定结论为最终结论。

第十七条 自劳动能力鉴定结论作出之日起1年后，工伤职工、用人单位或者社会保险经办机构认为伤残情况发生变化的，可以向设区的市级劳动能力鉴定委员会申请劳动能力复查鉴定。

对复查鉴定结论不服的，可以按照本办法第十六条规定申请再次鉴定。

第十八条 工伤职工本人因身体等原因无法提出劳动能力初次鉴定、复查鉴定、再次鉴定申请的，可由其近亲属代为提出。

第十九条 再次鉴定和复查鉴定的程序、期限等按照本办法第九条至第十五条的规定执行。

第三章　监督管理

第二十条　劳动能力鉴定委员会应当每3年对专家库进行一次调整和补充，实行动态管理。确有需要的，可以根据实际情况适时调整。

第二十一条　劳动能力鉴定委员会选聘医疗卫生专家，聘期一般为3年，可以连续聘任。

聘任的专家应当具备下列条件：

（一）具有医疗卫生高级专业技术职务任职资格；

（二）掌握劳动能力鉴定的相关知识；

（三）具有良好的职业品德。

第二十二条　参加劳动能力鉴定的专家应当按照规定的时间、地点进行现场鉴定，严格执行劳动能力鉴定政策和标准，客观、公正地提出鉴定意见。

第二十三条　用人单位、工伤职工或者其近亲属应当如实提供鉴定需要的材料，遵守劳动能力鉴定相关规定，按照要求配合劳动能力鉴定工作。

工伤职工有下列情形之一的，当次鉴定终止：

（一）无正当理由不参加现场鉴定的；

（二）拒不参加劳动能力鉴定委员会安排的检查和诊断的。

第二十四条　医疗机构及其医务人员应当如实出具与劳动能力鉴定有关的各项诊断证明和病历材料。

第二十五条　劳动能力鉴定委员会组成人员、劳动能力鉴定工作人员以及参加鉴定的专家与当事人有利害关系的，应当回避。

第二十六条　任何组织或者个人有权对劳动能力鉴定中的违法行为进行举报、投诉。

第四章 法律责任

第二十七条 劳动能力鉴定委员会和承担劳动能力鉴定委员会日常工作的机构及其工作人员在从事或者组织劳动能力鉴定时,有下列行为之一的,由人力资源社会保障行政部门或者有关部门责令改正,对直接负责的主管人员和其他直接责任人员依法给予相应处分;构成犯罪的,依法追究刑事责任:

(一)未及时审核并书面告知申请人需要补正的全部材料的;

(二)未在规定期限内作出劳动能力鉴定结论的;

(三)未按照规定及时送达劳动能力鉴定结论的;

(四)未按照规定随机抽取相关科别专家进行鉴定的;

(五)擅自篡改劳动能力鉴定委员会作出的鉴定结论的;

(六)利用职务之便非法收受当事人财物的;

(七)有违反法律法规和本办法的其他行为的。

第二十八条 从事劳动能力鉴定的专家有下列行为之一的,劳动能力鉴定委员会应当予以解聘;情节严重的,由卫生计生行政部门依法处理:

(一)提供虚假鉴定意见的;

(二)利用职务之便非法收受当事人财物的;

(三)无正当理由不履行职责的;

(四)有违反法律法规和本办法的其他行为的。

第二十九条 参与工伤救治、检查、诊断等活动的医疗机构及其医务人员有下列情形之一的,由卫生计生行政部门依法处理:

(一)提供与病情不符的虚假诊断证明的;

(二)篡改、伪造、隐匿、销毁病历材料的;

(三)无正当理由不履行职责的。

第三十条 以欺诈、伪造证明材料或者其他手段骗取鉴定结论、领取工伤保险待遇的，按照《中华人民共和国社会保险法》第八十八条的规定，由人力资源社会保障行政部门责令退回骗取的社会保险金，处骗取金额2倍以上5倍以下的罚款。

第五章 附 则

第三十一条 未参加工伤保险的公务员和参照公务员法管理的事业单位、社会团体工作人员因工（公）致残的劳动能力鉴定，参照本办法执行。

第三十二条 本办法中的劳动能力鉴定申请表、初次（复查）鉴定结论书、再次鉴定结论书、劳动能力鉴定材料收讫补正告知书等文书基本样式由人力资源社会保障部制定。

第三十三条 本办法自2014年4月1日起施行。

附件：1. 劳动能力鉴定申请表（略）

2. 初次（复查）鉴定结论书（略）

3. 再次鉴定结论书（略）

4. 劳动能力鉴定材料收讫补正告知书（略）

8. 人力资源社会保障部、住房和城乡建设部、国家安全生产监督管理总局、全国总工会关于进一步做好建筑业工伤保险工作的意见

（2014年12月29日 人社部发〔2014〕103号）

各省、自治区、直辖市及新疆生产建设兵团人力资源社会保障厅（局）、住房城乡建设厅（委、局）、安全生产监督管理局、总工会：

改革开放以来，我国建筑业蓬勃发展，建筑业职工队伍不断发展壮大，为经济社会发展和人民安居乐业做出了重大贡献。建筑

业属于工伤风险较高行业,又是农民工集中的行业。为维护建筑业职工特别是农民工的工伤保障权益,国家先后出台了一系列法律法规和政策,各地区、各有关部门积极采取措施,加强建筑施工安全生产制度建设和监督检查,大力推进建筑施工企业依法参加工伤保险,使建筑业职工工伤权益保障工作不断得到加强。但目前仍存在部分建筑施工企业安全管理制度不落实、工伤保险参保覆盖率低、一线建筑工人特别是农民工工伤维权能力弱、工伤待遇落实难等问题。

为贯彻落实党中央、国务院关于切实保障和改善民生的要求,依据社会保险法、建筑法、安全生产法、职业病防治法和《工伤保险条例》等法律法规规定,现就进一步做好建筑业工伤保险工作、切实维护建筑业职工工伤保障权益提出以下意见:

一、完善符合建筑业特点的工伤保险参保政策,大力扩展建筑企业工伤保险参保覆盖面。建筑施工企业应依法参加工伤保险。针对建筑行业的特点,建筑施工企业对相对固定的职工,应按用人单位参加工伤保险;对不能按用人单位参保、建筑项目使用的建筑业职工特别是农民工,按项目参加工伤保险。房屋建筑和市政基础设施工程实行以建设项目为单位参加工伤保险的,可在各项社会保险中优先办理参加工伤保险手续。建设单位在办理施工许可手续时,应当提交建设项目工伤保险参保证明,作为保证工程安全施工的具体措施之一;安全施工措施未落实的项目,各地住房城乡建设主管部门不予核发施工许可证。

二、完善工伤保险费计缴方式。按用人单位参保的建筑施工企业应以工资总额为基数依法缴纳工伤保险费。以建设项目为单位参保的,可以按照项目工程总造价的一定比例计算缴纳工伤保险费。

三、科学确定工伤保险费率。各地区人力资源社会保障部门应参照本地区建筑企业行业基准费率，按照以支定收、收支平衡原则，商住房城乡建设主管部门合理确定建设项目工伤保险缴费比例。要充分运用工伤保险浮动费率机制，根据各建筑企业工伤事故发生率、工伤保险基金使用等情况适时适当调整费率，促进企业加强安全生产，预防和减少工伤事故。

四、确保工伤保险费用来源。建设单位要在工程概算中将工伤保险费用单独列支，作为不可竞争费，不参与竞标，并在项目开工前由施工总承包单位一次性代缴本项目工伤保险费，覆盖项目使用的所有职工，包括专业承包单位、劳务分包单位使用的农民工。

五、健全工伤认定所涉及劳动关系确认机制。建筑施工企业应依法与其职工签订劳动合同，加强施工现场劳务用工管理。施工总承包单位应当在工程项目施工期内督促专业承包单位、劳务分包单位建立职工花名册、考勤记录、工资发放表等台账，对项目施工期内全部施工人员实行动态实名制管理。施工人员发生工伤后，以劳动合同为基础确认劳动关系。对未签订劳动合同的，由人力资源社会保障部门参照工资支付凭证或记录、工作证、招工登记表、考勤记录及其他劳动者证言等证据，确认事实劳动关系。相关方面应积极提供有关证据；按规定应由用人单位负举证责任而用人单位不提供的，应当承担不利后果。

六、规范和简化工伤认定和劳动能力鉴定程序。职工发生工伤事故，应当由其所在用人单位在30日内提出工伤认定申请，施工总承包单位应当密切配合并提供参保证明等相关材料。用人单位未在规定时限内提出工伤认定申请的，职工本人或其近亲属、工会组织可以在1年内提出工伤认定申请，经社会保险行政部门调查确认工伤的，在此期间发生的工伤待遇等有关费用由其所在用人单位负担。各地社会保险行政部门和劳动能力鉴定机构要优化流程,简化手续,缩短认定、鉴定时间。对于事实清楚、权利义务关系明确的工伤认定申请,应当自受理工伤认定申请之日起15日内作出工伤认定决定。探索建立工伤认定和劳动能力鉴定相关材料网上申报、审核和送达办法,提高工作效率。

七、完善工伤保险待遇支付政策。对认定为工伤的建筑业职工,各级社会保险经办机构和用人单位应依法按时足额支付各项工伤保险待遇。对在参保项目施工期间发生工伤、项目竣工时尚未完成工伤认定或劳动能力鉴定的建筑业职工,其所在用人单位要继续保证其医疗救治和停工期间的法定待遇,待完成工伤认定及劳动能力鉴定后,依法享受参保职工的各项工伤保险待遇;其中应由用人单位支付的待遇,工伤职工所在用人单位要按时足额支付,也可根据其意愿一次性支付。针对建筑业工资收入分配的特点,对相关工伤保险待遇中难以按本人工资作为计发基数的,可以参照统筹地区上年度职工平均工资作为计发基数。

八、落实工伤保险先行支付政策。未参加工伤保险的建设项目,职工发生工伤事故,依法由职工所在用人单位支付工伤保险待遇,施工总承包单位、建设单位承担连带责任;用人单位和承担连带责任的施工总承包单位、建设单位不支付的,由工伤保险基金先行支付,用人单位和承担连带责任的施工总承包单位、建设单位应当偿还;不偿还的,由社会保险经办机构依法追偿。

九、建立健全工伤赔偿连带责任追究机制。建设单位、施工总承包单位或具有用工主体资格的分包单位将工程(业务)发包给不具备用工主体资格的组织或个人,该组织或个人招用的劳动者发生工伤的,发包单位与不具备用工主体资格的组织或个人承担连带赔偿责任。

十、加强工伤保险政策宣传和培训。施工总承包单位应当按照项目所在地人力资源社会保障部门统一规定的式样，制作项目参加工伤保险情况公示牌，在施工现场显著位置予以公示，并安排有关工伤预防及工伤保险政策讲解的培训课程，保障广大建筑业职工特别是农民工的知情权，增强其依法维权意识。各地人力资源社会保障部门要会同有关部门加大工伤保险政策宣传力度，让广大职工知晓其依法享有的工伤保险权益及相关办事流程。开展工伤预防试点的地区可以从工伤保险基金提取一定比例用于工伤预防，各地人力资源社会保障部门应会同住房城乡建设部门积极开展建筑业工伤预防的宣传和培训工作，并将建筑业职工特别是农民工作为宣传和培训的重点对象。建立健全政府部门、行业协会、建筑施工企业等多层次的培训体系，不断提升建筑业职工的安全生产意识、工伤维权意识和岗位技能水平，从源头上控制和减少安全事故。

十一、严肃查处谎报瞒报事故的行为。发生生产安全事故时，建筑施工企业现场有关人员和企业负责人要严格依照《生产安全事故报告和调查处理条例》等规定，及时、如实向安全监管、住房城乡建设和其他负有监管职责的部门报告，并做好工伤保险相关工作。事故报告后出现新情况的，要及时补报。对谎报、瞒报事故和迟报、漏报的有关单位和人员，要严格依法查处。

十二、积极发挥工会组织在职工工伤维权工作中的作用。各级工会要加强基层组织建设，通过项目工会、托管工会、联合工会等多种形式，努力将建筑施工一线职工纳入工会组织，为其提供维权依托。提升基层工会组织在职工工伤维权方面的业务能力和服务水平。具备条件的企业工会要设立工伤保障专员，学习掌握工伤保险政策，介入工伤事故处理的全过程，了解工伤职工需求，跟踪工伤待遇支付进程，监督工伤职工各项权益落实情况。

十三、齐抓共管合力维护建筑工人工伤权益。人力资源社会保障部门要积极会同相关部门，把大力推进建筑施工企业参加工伤保险作为当前扩大社会保险覆盖面的重要任务和重点工作领域，对各类建筑施工企业和建设项目进行摸底排查，力争尽快实现全面覆盖。各地人力资源社会保障、住房城乡建设、安全监管等部门要认真履行各自职能，对违法施工、非法转包、违法用工、不参加工伤保险等违法行为依法予以查处，进一步规范建筑市场秩序，保障建筑业职工工伤保险权益。人力资源社会保障、住房城乡建设、安全监管等部门和总工会要定期组织开展建筑业职工工伤维权工作情况的联合督查。有关部门和工会组织要建立部门间信息共享机制，及时沟通项目开工、项目用工、参加工伤保险、安全生产监管等信息，实现建筑业职工参保等信息互联互通，为维护建筑业职工工伤权益提供有效保障。

交通运输、铁路、水利等相关行业职工工伤权益保障工作可参照本文件规定执行。

各地人力资源社会保障、住房城乡建设、安全监管等部门和工会组织要依据国家法律法规和本文件精神，结合本地实际制定具体实施方案，定期召开有关部门协调工作会议，共同研究解决有关难点重点问题，合力做好建筑业职工工伤保险权益保障工作。

人力资源社会保障部

住房城乡建设部

安全监管总局

全国总工会

2014 年 12 月 29 日

9. 人力资源社会保障部、财政部关于调整工伤保险费率政策的通知

（2015年7月22日　人社部发〔2015〕71号）

各省、自治区、直辖市人力资源社会保障厅（局）、财政厅（局），新疆生产建设兵团人力资源社会保障局、财务局：

按照党的十八届三中全会提出的“适时适当降低社会保险费率”的精神，为更好贯彻社会保险法、《工伤保险条例》，使工伤保险费率政策更加科学、合理，适应经济社会发展的需要，经国务院批准，自2015年10月1日起，调整现行工伤保险费率政策。现将有关事项通知如下：

一、关于行业工伤风险类别划分

按照《国民经济行业分类》（GB/T 4754—2011）对行业的划分，根据不同行业的工伤风险程度，由低到高，依次将行业工伤风险类别划分为一类至八类（见附件）。

二、关于行业差别费率及其档次确定

不同工伤风险类别的行业执行不同的工伤保险行业基准费率。各行业工伤风险类别对应的全国工伤保险行业基准费率为，一类至八类分别控制在该行业用人单位职工工资总额的0.2%、0.4%、0.7%、0.9%、1.1%、1.3%、1.6%、1.9%左右。

通过费率浮动的办法确定每个行业内的费率档次。一类行业分为三个档次，即在基准费率的基础上，可向上浮动至120%、150%，二类至八类行业分为五个档次，即在基准费率的基础上，可分别向上浮动至120%、150%或向下浮动至80%、50%。

各统筹地区人力资源社会保障部门要会同财政部门，按照“以支定收、收支平衡”的原则，合理确定本地区工伤保险行业基准费

率具体标准，并征求工会组织、用人单位代表的意见，报统筹地区人民政府批准后实施。基准费率的具体标准可根据统筹地区经济产业结构变动、工伤保险费使用等情况适时调整。

三、关于单位费率的确定与浮动

统筹地区社会保险经办机构根据用人单位工伤保险费使用、工伤发生率、职业病危害程度等因素，确定其工伤保险费率，并可依据上述因素变化情况，每一至三年确定其在所属行业不同费率档次间是否浮动。对符合浮动条件的用人单位，每次可上下浮动一档或两档。统筹地区工伤保险最低费率不低于本地区一类风险行业基准费率。费率浮动的具体办法由统筹地区人力资源社会保障部门商财政部门制定，并征求工会组织、用人单位代表的意见。

四、关于费率报备制度

各统筹地区确定的工伤保险行业基准费率具体标准、费率浮动具体办法，应报省级人力资源社会保障部门和财政部门备案并接受指导。省级人力资源社会保障部门、财政部门应每年将各统筹地区工伤保险行业基准费率标准确定和变化以及浮动费率实施情况汇总报人力资源社会保障部、财政部。

附件：工伤保险行业风险分类表

人力资源社会保障部

财政部

2015年7月22日

附件

工伤保险行业风险分类表

行业类别	行业名称
一	软件和信息技术服务业，货币金融服务，资本市场服务，保险业，其他金融业，科技推广和应用服务业，社会工作，广播、电视、电影和影视录音制作业，中国共产党机关，国家机构，人民政协、民主党派，社会保障，群众团体、社会团体和其他成员组织，基层群众自治组织，国际组织
二	批发业，零售业，仓储业，邮政业，住宿业，餐饮业，电信、广播电视和卫星传输服务，互联网和相关服务，房地产业，租赁业，商务服务业，研究和试验发展，专业技术服务业，居民服务业，其他服务业，教育，卫生，新闻和出版业，文化艺术业
三	农副食品加工业，食品制造业，酒、饮料和精制茶制造业，烟草制品业，纺织业，木材加工和木、竹、藤、棕、草制品业，文教、工美、体育和娱乐用品制造业，计算机、通信和其他电子设备制造业，仪器仪表制造业，其他制造业，水的生产和供应业，机动车、电子产品和日用产品修理业，水利管理业，生态保护和环境治理业，公共设施管理业，娱乐业
四	农业，畜牧业，农、林、牧、渔服务业，纺织服装、服饰业，皮革、毛皮、羽毛及其制品和制鞋业，印刷和记录媒介复制业，医药制造业，化学纤维制造业，橡胶和塑料制品业，金属制品业，通用设备制造业，专用设备制造业，汽车制造业，铁路、船舶、航空航天和其他运输设备制造业，电气机械和器材制造业，废弃资源综合利用业，金属制品、机械和设备修理业，电力、热力生产和供应业，燃气生产和供应业，铁路运输业，航空运输业，管道运输业，体育
五	林业，开采辅助活动，家具制造业，造纸和纸制品业，建筑安装业，建筑装饰和其他建筑业，道路运输业，水上运输业，装卸搬运和运输代理业
六	渔业，化学原料和化学制品制造业，非金属矿物制品业，黑色金属冶炼和压延加工业，有色金属冶炼和压延加工业，房屋建筑业，土木工程建筑业

续表

行业类别	行业名称
七	石油和天然气开采业,其他采矿业,石油加工、炼焦和核燃料加工业
八	煤炭开采和洗选业,黑色金属矿采选业,有色金属矿采选业,非金属矿采选业

10. 因工死亡职工供养亲属范围规定

(2003 年 9 月 23 日劳动和社会保障部令第 18 号发布　自 2004 年 1 月 1 日起施行)

第一条　为明确因工死亡职工供养亲属范围,根据《工伤保险条例》第三十七条第一款第二项的授权,制定本规定。

第二条　本规定所称因工死亡职工供养亲属,是指该职工的配偶、子女、父母、祖父母、外祖父母、孙子女、外孙子女、兄弟姐妹。

本规定所称子女,包括婚生子女、非婚生子女、养子女和有抚养关系的继子女,其中,婚生子女、非婚生子女包括遗腹子女;

本规定所称父母,包括生父母、养父母和有抚养关系的继父母;

本规定所称兄弟姐妹,包括同父母的兄弟姐妹、同父异母或者同母异父的兄弟姐妹、养兄弟姐妹、有抚养关系的继兄弟姐妹。

第三条　上条规定的人员,依靠因工死亡职工生前提供主要生活来源,并有下列情形之一的,可按规定申请供养亲属抚恤金:

(一)完全丧失劳动能力的;

(二)工亡职工配偶男年满 60 周岁、女年满 55 周岁的;

(三)工亡职工父母男年满 60 周岁、女年满 55 周岁的;

(四)工亡职工子女未满 18 周岁的;

（五）工亡职工父母均已死亡，其祖父、外祖父年满60周岁，祖母、外祖母年满55周岁的；

（六）工亡职工子女已经死亡或完全丧失劳动能力，其孙子女、外孙子女未满18周岁的；

（七）工亡职工父母均已死亡或完全丧失劳动能力，其兄弟姐妹未满18周岁的。

第四条 领取抚恤金人员有下列情形之一的，停止享受抚恤金待遇：

（一）年满18周岁且未完全丧失劳动能力的；

（二）就业或参军的；

（三）工亡职工配偶再婚的；

（四）被他人或组织收养的；

（五）死亡的。

第五条 领取抚恤金的人员，在被判刑收监执行期间，停止享受抚恤金待遇。刑满释放仍符合领取抚恤金资格的，按规定的标准享受抚恤金。

第六条 因工死亡职工供养亲属享受抚恤金待遇的资格，由统筹地区社会保险经办机构核定。

因工死亡职工供养亲属的劳动能力鉴定，由因工死亡职工生前单位所在地设区的市级劳动能力鉴定委员会负责。

第七条 本办法自2004年1月1日起施行。

11. 非法用工单位伤亡人员一次性赔偿办法

（2010年12月31日人力资源和社会保障部令第9号修订 自2011年1月1日起施行）

第一条 根据《工伤保险条例》第六十六条第一款的授权，制定本办法。

第二条 本办法所称非法用工单位伤亡人员,是指无营业执照或者未经依法登记、备案的单位以及被依法吊销营业执照或者撤销登记、备案的单位受到事故伤害或者患职业病的职工,或者用人单位使用童工造成的伤残、死亡童工。

前款所列单位必须按照本办法的规定向伤残职工或者死亡职工的近亲属、伤残童工或者死亡童工的近亲属给予一次性赔偿。

第三条 一次性赔偿包括受到事故伤害或者患职业病的职工或童工在治疗期间的费用和一次性赔偿金。一次性赔偿金数额应当在受到事故伤害或者患职业病的职工或童工死亡或者经劳动能力鉴定后确定。

劳动能力鉴定按照属地原则由单位所在地设区的市级劳动能力鉴定委员会办理。劳动能力鉴定费用由伤亡职工或童工所在单位支付。

第四条 职工或童工受到事故伤害或者患职业病,在劳动能力鉴定之前进行治疗期间的生活费按照统筹地区上年度职工月平均工资标准确定,医疗费、护理费、住院期间的伙食补助费以及所需的交通费等费用按照《工伤保险条例》规定的标准和范围确定,并全部由伤残职工或童工所在单位支付。

第五条 一次性赔偿金按照以下标准支付:

一级伤残的为赔偿基数的16倍,二级伤残的为赔偿基数的14倍,三级伤残的为赔偿基数的12倍,四级伤残的为赔偿基数的10倍,五级伤残的为赔偿基数的8倍,六级伤残的为赔偿基数的6倍,七级伤残的为赔偿基数的4倍,八级伤残的为赔偿基数的3倍,九级伤残的为赔偿基数的2倍,十级伤残的为赔偿基数的1倍。

前款所称赔偿基数，是指单位所在工伤保险统筹地区上年度职工年平均工资。

第六条 受到事故伤害或者患职业病造成死亡的，按照上一年度全国城镇居民人均可支配收入的20倍支付一次性赔偿金，并按照上一年度全国城镇居民人均可支配收入的10倍一次性支付丧葬补助等其他赔偿金。

第七条 单位拒不支付一次性赔偿的，伤残职工或者死亡职工的近亲属、伤残童工或者死亡童工的近亲属可以向人力资源和社会保障行政部门举报。经查证属实的，人力资源和社会保障行政部门应当责令该单位限期改正。

第八条 伤残职工或者死亡职工的近亲属、伤残童工或者死亡童工的近亲属就赔偿数额与单位发生争议的，按照劳动争议处理的有关规定处理。

第九条 本办法自2011年1月1日起施行。劳动和社会保障部2003年9月23日颁布的《非法用工单位伤亡人员一次性赔偿办法》同时废止。

12. 工伤预防费使用管理暂行办法

（2017年8月17日人社部规〔2017〕13号印发　自2017年9月1日起施行）

第一条 为更好地保障职工的生命安全和健康，促进用人单位做好工伤预防工作，降低工伤事故伤害和职业病的发生率，规范工伤预防费的使用和管理，根据社会保险法、《工伤保险条例》及相关规定，制定本办法。

第二条 本办法所称工伤预防费是指统筹地区工伤保险基金中依法用于开展工伤预防工作的费用。

第三条 工伤预防费使用管理工作由统筹地区人力资源社会保障行政部门会同财政、卫生计生、安全监管行政部门按照各自职责做好相关工作。

第四条 工伤预防费用于下列项目的支出:

(一)工伤事故和职业病预防宣传;

(二)工伤事故和职业病预防培训。

第五条 在保证工伤保险待遇支付能力和储备金留存的前提下,工伤预防费的使用原则上不得超过统筹地区上年度工伤保险基金征缴收入的3%。因工伤预防工作需要,经省级人力资源社会保障部门和财政部门同意,可以适当提高工伤预防费的使用比例。

第六条 工伤预防费使用实行预算管理。统筹地区社会保险经办机构按照上年度预算执行情况,根据工伤预防工作需要,将工伤预防费列入下一年度工伤保险基金支出预算。具体预算编制按照预算法和社会保险基金预算有关规定执行。

第七条 统筹地区人力资源社会保障部门应会同财政、卫生计生、安全监管部门以及本辖区内负有安全生产监督管理职责的部门,根据工伤事故伤害、职业病高发的行业、企业、工种、岗位等情况,统筹确定工伤预防的重点领域,并通过适当方式告知社会。

第八条 统筹地区行业协会和大中型企业等社会组织根据本地区确定的工伤预防重点领域,于每年工伤保险基金预算编制前提出下一年拟开展的工伤预防项目,编制项目实施方案和绩效目标,向统筹地区的人力资源社会保障行政部门申报。

第九条 统筹地区人力资源社会保障部门会同财政、卫生计生、安全监管等部门,根据项目申报情况,结合本地区工伤预防重点领域和工伤保险等工作重点,以及下一年工伤预防费预算编制情况，统筹考虑工伤预防项目的轻重缓急，于每年10月底前确定纳入下一年度的工伤预防项目并向社会公开。

列入计划的工伤预防项目实施周期最长不超过2年。

第十条 纳入年度计划的工伤预防实施项目，原则上由提出项目的行业协会和大中型企业等社会组织负责组织实施。

行业协会和大中型企业等社会组织根据项目实际情况，可直接实施或委托第三方机构实施。直接实施的，应当与社会保险经办机构签订服务协议。委托第三方机构实施的，应当参照政府采购法和招投标法规定的程序，选择具备相应条件的社会、经济组织以及医疗卫生机构提供工伤预防服务，并与其签订服务合同，明确双方的权利义务。服务协议、服务合同应报统筹地区人力资源社会保障部门备案。

面向社会和中小微企业的工伤预防项目，可由人力资源社会保障、卫生计生、安全监管部门参照政府采购法等相关规定，从具备相应条件的社会、经济组织以及医疗卫生机构中选择提供工伤预防服务的机构，推动组织项目实施。

参照政府采购法实施的工伤预防项目，其费用低于采购限额标准的，可协议确定服务机构。具体办法由人力资源社会保障部门会同有关部门确定。

第十一条 提供工伤预防服务的机构应遵守社会保险法、《工伤保险条例》以及相关法律法规的规定，并具备以下基本条件：

（一）具备相应条件，且从事相关宣传、培训业务二年以上并具有良好市场信誉；

（二）具备相应的实施工伤预防项目的专业人员；

（三）有相应的硬件设施和技术手段；

（四）依法应具备的其他条件。

第十二条 对确定实施的工伤预防项目，统筹地区社会保险经办机构可以根据服务协议或者服务合同的约定，向具体实施工伤预防项目的组织支付30%—70%预付款。

项目实施过程中，提出项目的单位应及时跟踪项目实施进展情况，保证项目有效进行。

对于行业协会和大中型企业等社会组织直接实施的项目，由人力资源社会保障部门组织第三方中介机构或聘请相关专家对项目实施情况和绩效目标实现情况进行评估验收，形成评估验收报告；对于委托第三方机构实施的，由提出项目的单位或部门通过适当方式组织评估验收，评估验收报告报人力资源社会保障部门备案。评估验收报告作为开展下一年度项目重要依据。

评估验收合格后，由社会保险经办机构支付余款。具体程序按社会保险基金财务制度、工伤保险业务经办管理等规定执行。

第十三条 社会保险经办机构要定期向社会公布工伤预防项目实施情况和工伤预防费用使用情况，接受参保单位和社会各界的监督。

第十四条 工伤预防费按本办法规定使用，违反本办法规定使用的，对相关责任人参照社会保险法、《工伤保险条例》等法律法规的规定处理。

第十五条 工伤预防服务机构提供的服务不符合法律和合同规定、服务质量不高的，三年内不得从事工伤预防项目。

工伤预防服务机构存在欺诈、骗取工伤保险基金行为的，按照有关法律法规等规定进行处理。

第十六条 统筹地区人力资源社会保障、卫生计生、安全监管等部门应分别对工作场所工伤发生情况、职业病报告情况和安全事故情况进行分析，定期相互通报基本情况。

第十七条 各省、自治区、直辖市人力资源社会保障行政部门可以结合本地区实际，会同财政、卫生计生和安全监管等行政部门制定具体实施办法。

第十八条 企业规模的划分标准按照工业和信息化部、国家统计局、国家发展改革委、财政部《关于印发中小企业划型标准规定的通知》（工信部联企业〔2011〕300号）执行。

第十九条 本办法自2017年9月1日起施行。

13. 最高人民法院关于审理工伤保险行政案件若干问题的规定

（2014年4月21日最高人民法院审判委员会第1613次会议通过 2014年6月18日法释〔2014〕9号公布 自2014年9月1日起施行）

为正确审理工伤保险行政案件，根据《中华人民共和国社会保险法》《中华人民共和国劳动法》《中华人民共和国行政诉讼法》《工伤保险条例》及其他有关法律、行政法规规定，结合行政审判实际，制定本规定。

第一条 人民法院审理工伤认定行政案件，在认定是否存在《工伤保险条例》第十四条第（六）项“本人主要责任”、第十六条第（二）项“醉酒或者吸毒”和第十六条第（三）项“自残或者自杀”等情形时，应当以有权机构出具的事故责任认定书、结论性意见和人民法院生效裁判等法律文书为依据，但有相反证据足以推翻事故责任认定书和结论性意见的除外。

前述法律文书不存在或者内容不明确，社会保险行政部门就前款事实作出认定的，人民法院应当结合其提供的相关证据依法进行审查。

《工伤保险条例》第十六条第(一)项“故意犯罪”的认定,应当以刑事侦查机关、检察机关和审判机关的生效法律文书或者结论性意见为依据。

第二条 人民法院受理工伤认定行政案件后,发现原告或者第三人在提起行政诉讼前已经就是否存在劳动关系申请劳动仲裁或者提起民事诉讼的,应当中止行政案件的审理。

第三条 社会保险行政部门认定下列单位为承担工伤保险责任单位的,人民法院应予支持:

(一)职工与两个或两个以上单位建立劳动关系,工伤事故发生时,职工为之工作的单位为承担工伤保险责任的单位;

(二)劳务派遣单位派遣的职工在用工单位工作期间因工伤亡的,派遣单位为承担工伤保险责任的单位;

(三)单位指派到其他单位工作的职工因工伤亡的,指派单位为承担工伤保险责任的单位;

(四)用工单位违反法律、法规规定将承包业务转包给不具备用工主体资格的组织或者自然人,该组织或者自然人聘用的职工从事承包业务时因工伤亡的,用工单位为承担工伤保险责任的单位;

(五)个人挂靠其他单位对外经营,其聘用的人员因工伤亡的,被挂靠单位为承担工伤保险责任的单位。

前款第(四)、(五)项明确的承担工伤保险责任的单位承担赔偿责任或者社会保险经办机构从工伤保险基金支付工伤保险待遇后,有权向相关组织、单位和个人追偿。

第四条 社会保险行政部门认定下列情形为工伤的,人民法院应予支持:

(一)职工在工作时间和工作场所内受到伤害,用人单位或者社会保险行政部门没有证据证明是非工作原因导致的；

（二）职工参加用人单位组织或者受用人单位指派参加其他单位组织的活动受到伤害的；

（三）在工作时间内，职工来往于多个与其工作职责相关的工作场所之间的合理区域因工受到伤害的；

（四）其他与履行工作职责相关，在工作时间及合理区域内受到伤害的。

第五条　社会保险行政部门认定下列情形为“因工外出期间”的，人民法院应予支持：

（一）职工受用人单位指派或者因工作需要在工作场所以外从事与工作职责有关的活动期间；

（二）职工受用人单位指派外出学习或者开会期间；

（三）职工因工作需要的其他外出活动期间。

职工因工外出期间从事与工作或者受用人单位指派外出学习、开会无关的个人活动受到伤害，社会保险行政部门不认定为工伤的，人民法院应予支持。

第六条　对社会保险行政部门认定下列情形为“上下班途中”的，人民法院应予支持：

（一）在合理时间内往返于工作地与住所地、经常居住地、单位宿舍的合理路线的上下班途中；

（二）在合理时间内往返于工作地与配偶、父母、子女居住地的合理路线的上下班途中；

（三）从事属于日常工作生活所需要的活动，且在合理时间和合理路线的上下班途中；

（四）在合理时间内其他合理路线的上下班途中。

第七条　由于不属于职工或者其近亲属自身原因超过工伤认

定申请期限的,被耽误的时间不计算在工伤认定申请期限内。

有下列情形之一耽误申请时间的,应当认定为不属于职工或者其近亲属自身原因:

(一)不可抗力;

(二)人身自由受到限制;

(三)属于用人单位原因;

(四)社会保险行政部门登记制度不完善;

(五)当事人对是否存在劳动关系申请仲裁、提起民事诉讼。

第八条 职工因第三人的原因受到伤害,社会保险行政部门以职工或者其近亲属已经对第三人提起民事诉讼或者获得民事赔偿为由,作出不予受理工伤认定申请或者不予认定工伤决定的,人民法院不予支持。

职工因第三人的原因受到伤害,社会保险行政部门已经作出工伤认定,职工或者其近亲属未对第三人提起民事诉讼或者尚未获得民事赔偿,起诉要求社会保险经办机构支付工伤保险待遇的,人民法院应予支持。

职工因第三人的原因导致工伤,社会保险经办机构以职工或者其近亲属已经对第三人提起民事诉讼为由,拒绝支付工伤保险待遇的,人民法院不予支持,但第三人已经支付的医疗费用除外。

第九条 因工伤认定申请人或者用人单位隐瞒有关情况或者提供虚假材料,导致工伤认定错误的,社会保险行政部门可以在诉讼中依法予以更正。

工伤认定依法更正后,原告不申请撤诉,社会保险行政部门在作出原工伤认定时有过错的,人民法院应当判决确认违法;社会保险行政部门无过错的,人民法院可以驳回原告诉讼请求。

第十条　最高人民法院以前颁布的司法解释与本规定不一致的，以本规定为准。

14. 中华人民共和国职业病防治法

（2001 年 10 月 27 日第九届全国人民代表大会常务委员会第二十四次会议通过　根据 2011 年 12 月 31 日第十一届全国人民代表大会常务委员会第二十四次会议《关于修改〈中华人民共和国职业病防治法〉的决定》第一次修正　根据 2016 年 7 月 2 日第十二届全国人民代表大会常务委员会第二十一次会议《关于修改〈中华人民共和国节约能源法〉等六部法律的决定》第二次修正　根据 2017 年 11 月 4 日第十二届全国人民代表大会常务委员会第三十次会议《关于修改〈中华人民共和国会计法〉等十一部法律的决定》第三次修正　根据 2018 年 12 月 29 日第十三届全国人民代表大会常务委员会第七次会议《关于修改〈中华人民共和国劳动法〉等七部法律的决定》第四次修正）

第一章　总　　则

第一条　为了预防、控制和消除职业病危害，防治职业病，保护劳动者健康及其相关权益，促进经济社会发展，根据宪法，制定本法。

第二条　本法适用于中华人民共和国领域内的职业病防治活动。

本法所称职业病，是指企业、事业单位和个体经济组织等用人单位的劳动者在职业活动中，因接触粉尘、放射性物质和其他有毒、有害因素而引起的疾病。

职业病的分类和目录由国务院卫生行政部门会同国务院劳动

保障行政部门制定、调整并公布。

第三条 职业病防治工作坚持预防为主、防治结合的方针,建立用人单位负责、行政机关监管、行业自律、职工参与和社会监督的机制,实行分类管理、综合治理。

第四条 劳动者依法享有职业卫生保护的权利。

用人单位应当为劳动者创造符合国家职业卫生标准和卫生要求的工作环境和条件,并采取措施保障劳动者获得职业卫生保护。

工会组织依法对职业病防治工作进行监督,维护劳动者的合法权益。用人单位制定或者修改有关职业病防治的规章制度,应当听取工会组织的意见。

第五条 用人单位应当建立、健全职业病防治责任制,加强对职业病防治的管理,提高职业病防治水平,对本单位产生的职业病危害承担责任。

第六条 用人单位的主要负责人对本单位的职业病防治工作全面负责。

第七条 用人单位必须依法参加工伤保险。

国务院和县级以上地方人民政府劳动保障行政部门应当加强对工伤保险的监督管理,确保劳动者依法享受工伤保险待遇。

第八条 国家鼓励和支持研制、开发、推广、应用有利于职业病防治和保护劳动者健康的新技术、新工艺、新设备、新材料,加强对职业病的机理和发生规律的基础研究,提高职业病防治科学技术水平;积极采用有效的职业病防治技术、工艺、设备、材料;限制使用或者淘汰职业病危害严重的技术、工艺、设备、材料。

国家鼓励和支持职业病医疗康复机构的建设。

第九条 国家实行职业卫生监督制度。

国务院卫生行政部门、劳动保障行政部门依照本法和国务院确定的职责，负责全国职业病防治的监督管理工作。国务院有关部门在各自的职责范围内负责职业病防治的有关监督管理工作。

县级以上地方人民政府卫生行政部门、劳动保障行政部门依据各自职责，负责本行政区域内职业病防治的监督管理工作。县级以上地方人民政府有关部门在各自的职责范围内负责职业病防治的有关监督管理工作。

县级以上人民政府卫生行政部门、劳动保障行政部门（以下统称职业卫生监督管理部门）应当加强沟通，密切配合，按照各自职责分工，依法行使职权，承担责任。

第十条 国务院和县级以上地方人民政府应当制定职业病防治规划，将其纳入国民经济和社会发展计划，并组织实施。

县级以上地方人民政府统一负责、领导、组织、协调本行政区域的职业病防治工作，建立健全职业病防治工作体制、机制，统一领导、指挥职业卫生突发事件应对工作；加强职业病防治能力建设和服务体系建设，完善、落实职业病防治工作责任制。

乡、民族乡、镇的人民政府应当认真执行本法，支持职业卫生监督管理部门依法履行职责。

第十一条 县级以上人民政府职业卫生监督管理部门应当加强对职业病防治的宣传教育，普及职业病防治的知识，增强用人单位的职业病防治观念，提高劳动者的职业健康意识、自我保护意识和行使职业卫生保护权利的能力。

第十二条 有关防治职业病的国家职业卫生标准，由国务院卫生行政部门组织制定并公布。

国务院卫生行政部门应当组织开展重点职业病监测和专项调查，对职业健康风险进行评估，为制定职业卫生标准和职业病防治政策提供科学依据。

县级以上地方人民政府卫生行政部门应当定期对本行政区域的职业病防治情况进行统计和调查分析。

第十三条 任何单位和个人有权对违反本法的行为进行检举和控告。有关部门收到相关的检举和控告后,应当及时处理。

对防治职业病成绩显著的单位和个人,给予奖励。

第二章 前期预防

第十四条 用人单位应当依照法律、法规要求,严格遵守国家职业卫生标准,落实职业病预防措施,从源头上控制和消除职业病危害。

第十五条 产生职业病危害的用人单位的设立除应当符合法律、行政法规规定的设立条件外,其工作场所还应当符合下列职业卫生要求:

(一)职业病危害因素的强度或者浓度符合国家职业卫生标准;

(二)有与职业病危害防护相适应的设施;

(三)生产布局合理,符合有害与无害作业分开的原则;

(四)有配套的更衣间、洗浴间、孕妇休息间等卫生设施;

(五)设备、工具、用具等设施符合保护劳动者生理、心理健康的要求;

(六)法律、行政法规和国务院卫生行政部门关于保护劳动者健康的其他要求。

第十六条 国家建立职业病危害项目申报制度。

用人单位工作场所存在职业病目录所列职业病的危害因素的,应当及时、如实向所在地卫生行政部门申报危害项目,接受监督。

职业病危害因素分类目录由国务院卫生行政部门制定、调整并公布。职业病危害项目申报的具体办法由国务院卫生行政部门制定。

第十七条 新建、扩建、改建建设项目和技术改造、技术引进项目(以下统称建设项目)可能产生职业病危害的,建设单位在可行性论证阶段应当进行职业病危害预评价。

医疗机构建设项目可能产生放射性职业病危害的,建设单位应当向卫生行政部门提交放射性职业病危害预评价报告。卫生行政部门应当自收到预评价报告之日起三十日内,作出审核决定并书面通知建设单位。未提交预评价报告或者预评价报告未经卫生行政部门审核同意的,不得开工建设。

职业病危害预评价报告应当对建设项目可能产生的职业病危害因素及其对工作场所和劳动者健康的影响作出评价,确定危害类别和职业病防护措施。

建设项目职业病危害分类管理办法由国务院卫生行政部门制定。

第十八条 建设项目的职业病防护设施所需费用应当纳入建设项目工程预算,并与主体工程同时设计,同时施工,同时投入生产和使用。

建设项目的职业病防护设施设计应当符合国家职业卫生标准和卫生要求;其中,医疗机构放射性职业病危害严重的建设项目的防护设施设计,应当经卫生行政部门审查同意后,方可施工。

建设项目在竣工验收前,建设单位应当进行职业病危害控制效果评价。

医疗机构可能产生放射性职业病危害的建设项目竣工验收时,其放射性职业病防护设施经卫生行政部门验收合格后,方可投入使用;其他建设项目的职业病防护设施应当由建设单位负责依法组织验收,验收合格后,方可投入生产和使用。卫生行政部门应当加强对建设单位组织的验收活动和验收结果的监督核查。

第十九条 国家对从事放射性、高毒、高危粉尘等作业实行特殊管理。具体管理办法由国务院制定。

第三章 劳动过程中的防护与管理

第二十条 用人单位应当采取下列职业病防治管理措施:

(一)设置或者指定职业卫生管理机构或者组织,配备专职或者兼职的职业卫生管理人员,负责本单位的职业病防治工作;

(二)制定职业病防治计划和实施方案;

(三)建立、健全职业卫生管理制度和操作规程;

(四)建立、健全职业卫生档案和劳动者健康监护档案;

(五)建立、健全工作场所职业病危害因素监测及评价制度;

(六)建立、健全职业病危害事故应急救援预案。

第二十一条 用人单位应当保障职业病防治所需的资金投入,不得挤占、挪用,并对因资金投入不足导致的后果承担责任。

第二十二条 用人单位必须采用有效的职业病防护设施,并为劳动者提供个人使用的职业病防护用品。

用人单位为劳动者个人提供的职业病防护用品必须符合防治职业病的要求;不符合要求的,不得使用。

第二十三条 用人单位应当优先采用有利于防治职业病和保护劳动者健康的新技术、新工艺、新设备、新材料,逐步替代职业病危害严重的技术、工艺、设备、材料。

第二十四条 产生职业病危害的用人单位,应当在醒目位置设置公告栏,公布有关职业病防治的规章制度、操作规程、职业病危害事故应急救援措施和工作场所职业病危害因素检测结果。

对产生严重职业病危害的作业岗位,应当在其醒目位置,设置警示标识和中文警示说明。警示说明应当载明产生职业病危害的种类、后果、预防以及应急救治措施等内容。

第二十五条 对可能发生急性职业损伤的有毒、有害工作场所,用人单位应当设置报警装置,配置现场急救用品、冲洗设备、应急撤离通道和必要的泄险区。

对放射工作场所和放射性同位素的运输、贮存,用人单位必须配置防护设备和报警装置,保证接触放射线的工作人员佩戴个人剂量计。

对职业病防护设备、应急救援设施和个人使用的职业病防护用品,用人单位应当进行经常性的维护、检修,定期检测其性能和效果,确保其处于正常状态,不得擅自拆除或者停止使用。

第二十六条 用人单位应当实施由专人负责的职业病危害因素日常监测,并确保监测系统处于正常运行状态。

用人单位应当按照国务院卫生行政部门的规定,定期对工作场所进行职业病危害因素检测、评价。检测、评价结果存入用人单位职业卫生档案,定期向所在地卫生行政部门报告并向劳动者公布。

职业病危害因素检测、评价由依法设立的取得国务院卫生行政部门或者设区的市级以上地方人民政府卫生行政部门按照职责分工给予资质认可的职业卫生技术服务机构进行。职业卫生技术服务机构所作检测、评价应当客观、真实。

发现工作场所职业病危害因素不符合国家职业卫生标准和卫生要求时,用人单位应当立即采取相应治理措施,仍然达不到国家职业卫生标准和卫生要求的,必须停止存在职业病危害因素的作业;职业病危害因素经治理后,符合国家职业卫生标准和卫生要求的,方可重新作业。

第二十七条 职业卫生技术服务机构依法从事职业病危害因素检测、评价工作,接受卫生行政部门的监督检查。卫生行政部门应当依法履行监督职责。

第二十八条 向用人单位提供可能产生职业病危害的设备的,应当提供中文说明书,并在设备的醒目位置设置警示标识和中文警示说明。警示说明应当载明设备性能、可能产生的职业病危害、安全操作和维护注意事项、职业病防护以及应急救治措施等内容。

第二十九条 向用人单位提供可能产生职业病危害的化学品、放射性同位素和含有放射性物质的材料的,应当提供中文说明书。说明书应当载明产品特性、主要成份、存在的有害因素、可能产生的危害后果、安全使用注意事项、职业病防护以及应急救治措施等内容。产品包装应当有醒目的警示标识和中文警示说明。贮存上述材料的场所应当在规定的部位设置危险物品标识或者放射性警示标识。

国内首次使用或者首次进口与职业病危害有关的化学材料,使用单位或者进口单位按照国家规定经国务院有关部门批准后,应当向国务院卫生行政部门报送该化学材料的毒性鉴定以及经有关部门登记注册或者批准进口的文件等资料。

进口放射性同位素、射线装置和含有放射性物质的物品的,按照国家有关规定办理。

第三十条 任何单位和个人不得生产、经营、进口和使用国家明令禁止使用的可能产生职业病危害的设备或者材料。

第三十一条 任何单位和个人不得将产生职业病危害的作业转移给不具备职业病防护条件的单位和个人。不具备职业病防护条件的单位和个人不得接受产生职业病危害的作业。

第三十二条 用人单位对采用的技术、工艺、设备、材料，应当知悉其产生的职业病危害，对有职业病危害的技术、工艺、设备、材料隐瞒其危害而采用的，对所造成的职业病危害后果承担责任。

第三十三条 用人单位与劳动者订立劳动合同（含聘用合同，下同）时，应当将工作过程中可能产生的职业病危害及其后果、职业病防护措施和待遇等如实告知劳动者，并在劳动合同中写明，不得隐瞒或者欺骗。

劳动者在已订立劳动合同期间因工作岗位或者工作内容变更，从事与所订立劳动合同中未告知的存在职业病危害的作业时，用人单位应当依照前款规定，向劳动者履行如实告知的义务，并协商变更原劳动合同相关条款。

用人单位违反前两款规定的，劳动者有权拒绝从事存在职业病危害的作业，用人单位不得因此解除与劳动者所订立的劳动合同。

第三十四条 用人单位的主要负责人和职业卫生管理人员应当接受职业卫生培训，遵守职业病防治法律、法规，依法组织本单位的职业病防治工作。

用人单位应当对劳动者进行上岗前的职业卫生培训和在岗期间的定期职业卫生培训，普及职业卫生知识，督促劳动者遵守职业病防治法律、法规、规章和操作规程，指导劳动者正确使用职业病防护设备和个人使用的职业病防护用品。

劳动者应当学习和掌握相关的职业卫生知识，增强职业病防范意识,遵守职业病防治法律、法规、规章和操作规程,正确使用、维护职业病防护设备和个人使用的职业病防护用品,发现职业病危害事故隐患应当及时报告。

劳动者不履行前款规定义务的,用人单位应当对其进行教育。

第三十五条 对从事接触职业病危害的作业的劳动者,用人单位应当按照国务院卫生行政部门的规定组织上岗前、在岗期间和离岗时的职业健康检查,并将检查结果书面告知劳动者。职业健康检查费用由用人单位承担。

用人单位不得安排未经上岗前职业健康检查的劳动者从事接触职业病危害的作业;不得安排有职业禁忌的劳动者从事其所禁忌的作业;对在职业健康检查中发现有与所从事的职业相关的健康损害的劳动者,应当调离原工作岗位,并妥善安置;对未进行离岗前职业健康检查的劳动者不得解除或者终止与其订立的劳动合同。

职业健康检查应当由取得《医疗机构执业许可证》的医疗卫生机构承担。卫生行政部门应当加强对职业健康检查工作的规范管理,具体管理办法由国务院卫生行政部门制定。

第三十六条 用人单位应当为劳动者建立职业健康监护档案,并按照规定的期限妥善保存。

职业健康监护档案应当包括劳动者的职业史、职业病危害接触史、职业健康检查结果和职业病诊疗等有关个人健康资料。

劳动者离开用人单位时,有权索取本人职业健康监护档案复印件,用人单位应当如实、无偿提供,并在所提供的复印件上签章。

第三十七条 发生或者可能发生急性职业病危害事故时,用人单位应当立即采取应急救援和控制措施,并及时报告所在地卫生行政部门和有关部门。卫生行政部门接到报告后，应当及时会同有关部门组织调查处理；必要时，可以采取临时控制措施。卫生行政部门应当组织做好医疗救治工作。

对遭受或者可能遭受急性职业病危害的劳动者，用人单位应当及时组织救治、进行健康检查和医学观察，所需费用由用人单位承担。

第三十八条 用人单位不得安排未成年工从事接触职业病危害的作业；不得安排孕期、哺乳期的女职工从事对本人和胎儿、婴儿有危害的作业。

第三十九条 劳动者享有下列职业卫生保护权利：

（一）获得职业卫生教育、培训；

（二）获得职业健康检查、职业病诊疗、康复等职业病防治服务；

（三）了解工作场所产生或者可能产生的职业病危害因素、危害后果和应当采取的职业病防护措施；

（四）要求用人单位提供符合防治职业病要求的职业病防护设施和个人使用的职业病防护用品，改善工作条件；

（五）对违反职业病防治法律、法规以及危及生命健康的行为提出批评、检举和控告；

（六）拒绝违章指挥和强令进行没有职业病防护措施的作业；

（七）参与用人单位职业卫生工作的民主管理，对职业病防治工作提出意见和建议。

用人单位应当保障劳动者行使前款所列权利。因劳动者依法行使正当权利而降低其工资、福利等待遇或者解除、终止与其订立的劳动合同的，其行为无效。

第四十条 工会组织应当督促并协助用人单位开展职业卫生

宣传教育和培训，有权对用人单位的职业病防治工作提出意见和建议，依法代表劳动者与用人单位签订劳动安全卫生专项集体合同，与用人单位就劳动者反映的有关职业病防治的问题进行协调并督促解决。

工会组织对用人单位违反职业病防治法律、法规，侵犯劳动者合法权益的行为，有权要求纠正；产生严重职业病危害时，有权要求采取防护措施，或者向政府有关部门建议采取强制性措施；发生职业病危害事故时，有权参与事故调查处理；发现危及劳动者生命健康的情形时，有权向用人单位建议组织劳动者撤离危险现场，用人单位应当立即作出处理。

第四十一条 用人单位按照职业病防治要求，用于预防和治理职业病危害、工作场所卫生检测、健康监护和职业卫生培训等费用，按照国家有关规定，在生产成本中据实列支。

第四十二条 职业卫生监督管理部门应当按照职责分工，加强对用人单位落实职业病防护管理措施情况的监督检查，依法行使职权，承担责任。

第四章 职业病诊断与职业病病人保障

第四十三条 职业病诊断应当由取得《医疗机构执业许可证》的医疗卫生机构承担。卫生行政部门应当加强对职业病诊断工作的规范管理，具体管理办法由国务院卫生行政部门制定。

承担职业病诊断的医疗卫生机构还应当具备下列条件：

（一）具有与开展职业病诊断相适应的医疗卫生技术人员；

（二）具有与开展职业病诊断相适应的仪器、设备；

（三）具有健全的职业病诊断质量管理制度。

承担职业病诊断的医疗卫生机构不得拒绝劳动者进行职业病

诊断的要求。

第四十四条 劳动者可以在用人单位所在地、本人户籍所在地或者经常居住地依法承担职业病诊断的医疗卫生机构进行职业病诊断。

第四十五条 职业病诊断标准和职业病诊断、鉴定办法由国务院卫生行政部门制定。职业病伤残等级的鉴定办法由国务院劳动保障行政部门会同国务院卫生行政部门制定。

第四十六条 职业病诊断，应当综合分析下列因素：

（一）病人的职业史；

（二）职业病危害接触史和工作场所职业病危害因素情况；

（三）临床表现以及辅助检查结果等。

没有证据否定职业病危害因素与病人临床表现之间的必然联系的，应当诊断为职业病。

职业病诊断证明书应当由参与诊断的取得职业病诊断资格的执业医师签署，并经承担职业病诊断的医疗卫生机构审核盖章。

第四十七条 用人单位应当如实提供职业病诊断、鉴定所需的劳动者职业史和职业病危害接触史、工作场所职业病危害因素检测结果等资料；卫生行政部门应当监督检查和督促用人单位提供上述资料；劳动者和有关机构也应当提供与职业病诊断、鉴定有关的资料。

职业病诊断、鉴定机构需要了解工作场所职业病危害因素情况时，可以对工作场所进行现场调查，也可以向卫生行政部门提出，卫生行政部门应当在十日内组织现场调查。用人单位不得拒绝、阻挠。

第四十八条 职业病诊断、鉴定过程中，用人单位不提供工作场所职业病危害因素检测结果等资料的，诊断、鉴定机构应当结合劳动者的临床表现、辅助检查结果和劳动者的职业史、职业病危害接触史，并参考劳动者的自述、卫生行政部门提供的日常监督检查信息等，作出职业病诊断、鉴定结论。

劳动者对用人单位提供的工作场所职业病危害因素检测结果等资料有异议，或者因劳动者的用人单位解散、破产，无用人单位提供上述资料的，诊断、鉴定机构应当提请卫生行政部门进行调查，卫生行政部门应当自接到申请之日起三十日内对存在异议的资料或者工作场所职业病危害因素情况作出判定；有关部门应当配合。

第四十九条 职业病诊断、鉴定过程中，在确认劳动者职业史、职业病危害接触史时，当事人对劳动关系、工种、工作岗位或者在岗时间有争议的，可以向当地的劳动人事争议仲裁委员会申请仲裁；接到申请的劳动人事争议仲裁委员会应当受理，并在三十日内作出裁决。

当事人在仲裁过程中对自己提出的主张，有责任提供证据。劳动者无法提供由用人单位掌握管理的与仲裁主张有关的证据的，仲裁庭应当要求用人单位在指定期限内提供；用人单位在指定期限内不提供的，应当承担不利后果。

劳动者对仲裁裁决不服的，可以依法向人民法院提起诉讼。

用人单位对仲裁裁决不服的，可以在职业病诊断、鉴定程序结束之日起十五日内依法向人民法院提起诉讼；诉讼期间，劳动者的治疗费用按照职业病待遇规定的途径支付。

第五十条 用人单位和医疗卫生机构发现职业病病人或者疑似职业病病人时，应当及时向所在地卫生行政部门报告。确诊为职业病的，用人单位还应当向所在地劳动保障行政部门报告。接到报告的部门应当依法作出处理。

第五十一条 县级以上地方人民政府卫生行政部门负责本行政区域内的职业病统计报告的管理工作，并按照规定上报。

第五十二条 当事人对职业病诊断有异议的，可以向作出诊断的医疗卫生机构所在地地方人民政府卫生行政部门申请鉴定。

职业病诊断争议由设区的市级以上地方人民政府卫生行政部门根据当事人的申请，组织职业病诊断鉴定委员会进行鉴定。

当事人对设区的市级职业病诊断鉴定委员会的鉴定结论不服的，可以向省、自治区、直辖市人民政府卫生行政部门申请再鉴定。

第五十三条 职业病诊断鉴定委员会由相关专业的专家组成。

省、自治区、直辖市人民政府卫生行政部门应当设立相关的专家库，需要对职业病争议作出诊断鉴定时，由当事人或者当事人委托有关卫生行政部门从专家库中以随机抽取的方式确定参加诊断鉴定委员会的专家。

职业病诊断鉴定委员会应当按照国务院卫生行政部门颁布的职业病诊断标准和职业病诊断、鉴定办法进行职业病诊断鉴定，向当事人出具职业病诊断鉴定书。职业病诊断、鉴定费用由用人单位承担。

第五十四条 职业病诊断鉴定委员会组成人员应当遵守职业道德，客观、公正地进行诊断鉴定，并承担相应的责任。职业病诊断鉴定委员会组成人员不得私下接触当事人，不得收受当事人的财物或者其他好处，与当事人有利害关系的，应当回避。

人民法院受理有关案件需要进行职业病鉴定时，应当从省、自治区、直辖市人民政府卫生行政部门依法设立的相关的专家库中选取参加鉴定的专家。

第五十五条 医疗卫生机构发现疑似职业病病人时,应当告知劳动者本人并及时通知用人单位。

用人单位应当及时安排对疑似职业病病人进行诊断;在疑似职业病病人诊断或者医学观察期间,不得解除或者终止与其订立的劳动合同。

疑似职业病病人在诊断、医学观察期间的费用,由用人单位承担。

第五十六条 用人单位应当保障职业病病人依法享受国家规定的职业病待遇。

用人单位应当按照国家有关规定,安排职业病病人进行治疗、康复和定期检查。

用人单位对不适宜继续从事原工作的职业病病人,应当调离原岗位,并妥善安置。

用人单位对从事接触职业病危害的作业的劳动者,应当给予适当岗位津贴。

第五十七条 职业病病人的诊疗、康复费用,伤残以及丧失劳动能力的职业病病人的社会保障,按照国家有关工伤保险的规定执行。

第五十八条 职业病病人除依法享有工伤保险外,依照有关民事法律,尚有获得赔偿的权利的,有权向用人单位提出赔偿要求。

第五十九条 劳动者被诊断患有职业病,但用人单位没有依法参加工伤保险的,其医疗和生活保障由该用人单位承担。

第六十条 职业病病人变动工作单位,其依法享有的待遇不变。

用人单位在发生分立、合并、解散、破产等情形时,应当对从事接触职业病危害的作业的劳动者进行健康检查，并按照国家有关规定妥善安置职业病病人。

第六十一条　用人单位已经不存在或者无法确认劳动关系的职业病病人，可以向地方人民政府医疗保障、民政部门申请医疗救助和生活等方面的救助。

地方各级人民政府应当根据本地区的实际情况，采取其他措施，使前款规定的职业病病人获得医疗救治。

第五章　监督检查

第六十二条　县级以上人民政府职业卫生监督管理部门依照职业病防治法律、法规、国家职业卫生标准和卫生要求，依据职责划分，对职业病防治工作进行监督检查。

第六十三条　卫生行政部门履行监督检查职责时，有权采取下列措施：

（一）进入被检查单位和职业病危害现场，了解情况，调查取证；

（二）查阅或者复制与违反职业病防治法律、法规的行为有关的资料和采集样品；

（三）责令违反职业病防治法律、法规的单位和个人停止违法行为。

第六十四条　发生职业病危害事故或者有证据证明危害状态可能导致职业病危害事故发生时，卫生行政部门可以采取下列临时控制措施：

（一）责令暂停导致职业病危害事故的作业；

（二）封存造成职业病危害事故或者可能导致职业病危害事故发生的材料和设备；

(三)组织控制职业病危害事故现场。

在职业病危害事故或者危害状态得到有效控制后,卫生行政部门应当及时解除控制措施。

第六十五条 职业卫生监督执法人员依法执行职务时,应当出示监督执法证件。

职业卫生监督执法人员应当忠于职守,秉公执法,严格遵守执法规范;涉及用人单位的秘密的,应当为其保密。

第六十六条 职业卫生监督执法人员依法执行职务时,被检查单位应当接受检查并予以支持配合,不得拒绝和阻碍。

第六十七条 卫生行政部门及其职业卫生监督执法人员履行职责时,不得有下列行为:

(一)对不符合法定条件的,发给建设项目有关证明文件、资质证明文件或者予以批准;

(二)对已经取得有关证明文件的,不履行监督检查职责;

(三)发现用人单位存在职业病危害的,可能造成职业病危害事故,不及时依法采取控制措施;

(四)其他违反本法的行为。

第六十八条 职业卫生监督执法人员应当依法经过资格认定。

职业卫生监督管理部门应当加强队伍建设,提高职业卫生监督执法人员的政治、业务素质,依照本法和其他有关法律、法规的规定,建立、健全内部监督制度,对其工作人员执行法律、法规和遵守纪律的情况,进行监督检查。

第六章 法律责任

第六十九条 建设单位违反本法规定,有下列行为之一的,由卫生行政部门给予警告，责令限期改正；逾期不改正的，处十万元以上五十万元以下的罚款；情节严重的，责令停止产生职业病危害的作业，或者提请有关人民政府按照国务院规定的权限责令停建、关闭：

（一）未按照规定进行职业病危害预评价的；

（二）医疗机构可能产生放射性职业病危害的建设项目未按照规定提交放射性职业病危害预评价报告，或者放射性职业病危害预评价报告未经卫生行政部门审核同意，开工建设的；

（三）建设项目的职业病防护设施未按照规定与主体工程同时设计、同时施工、同时投入生产和使用的；

（四）建设项目的职业病防护设施设计不符合国家职业卫生标准和卫生要求，或者医疗机构放射性职业病危害严重的建设项目的防护设施设计未经卫生行政部门审查同意擅自施工的；

（五）未按照规定对职业病防护设施进行职业病危害控制效果评价的；

（六）建设项目竣工投入生产和使用前，职业病防护设施未按照规定验收合格的。

第七十条　违反本法规定，有下列行为之一的，由卫生行政部门给予警告，责令限期改正；逾期不改正的，处十万元以下的罚款：

（一）工作场所职业病危害因素检测、评价结果没有存档、上报、公布的；

（二）未采取本法第二十条规定的职业病防治管理措施的；

（三）未按照规定公布有关职业病防治的规章制度、操作规程、职业病危害事故应急救援措施的；

（四）未按照规定组织劳动者进行职业卫生培训，或者未对劳

动者个人职业病防护采取指导、督促措施的;

(五)国内首次使用或者首次进口与职业病危害有关的化学材料,未按照规定报送毒性鉴定资料以及经有关部门登记注册或者批准进口的文件的。

第七十一条 用人单位违反本法规定,有下列行为之一的,由卫生行政部门责令限期改正,给予警告,可以并处五万元以上十万元以下的罚款:

(一)未按照规定及时、如实向卫生行政部门申报产生职业病危害的项目的;

(二)未实施由专人负责的职业病危害因素日常监测,或者监测系统不能正常监测的;

(三)订立或者变更劳动合同时,未告知劳动者职业病危害真实情况的;

(四)未按照规定组织职业健康检查、建立职业健康监护档案或者未将检查结果书面告知劳动者的;

(五)未依照本法规定在劳动者离开用人单位时提供职业健康监护档案复印件的。

第七十二条 用人单位违反本法规定,有下列行为之一的,由卫生行政部门给予警告,责令限期改正,逾期不改正的,处五万元以上二十万元以下的罚款;情节严重的,责令停止产生职业病危害的作业,或者提请有关人民政府按照国务院规定的权限责令关闭:

(一)工作场所职业病危害因素的强度或者浓度超过国家职业卫生标准的;

(二)未提供职业病防护设施和个人使用的职业病防护用品,或者提供的职业病防护设施和个人使用的职业病防护用品不符合国家职业卫生标准和卫生要求的；

（三）对职业病防护设备、应急救援设施和个人使用的职业病防护用品未按照规定进行维护、检修、检测，或者不能保持正常运行、使用状态的；

（四）未按照规定对工作场所职业病危害因素进行检测、评价的；

（五）工作场所职业病危害因素经治理仍然达不到国家职业卫生标准和卫生要求时，未停止存在职业病危害因素的作业的；

（六）未按照规定安排职业病病人、疑似职业病病人进行诊治的；

（七）发生或者可能发生急性职业病危害事故时，未立即采取应急救援和控制措施或者未按照规定及时报告的；

（八）未按照规定在产生严重职业病危害的作业岗位醒目位置设置警示标识和中文警示说明的；

（九）拒绝职业卫生监督管理部门监督检查的；

（十）隐瞒、伪造、篡改、毁损职业健康监护档案、工作场所职业病危害因素检测评价结果等相关资料，或者拒不提供职业病诊断、鉴定所需资料的；

（十一）未按照规定承担职业病诊断、鉴定费用和职业病病人的医疗、生活保障费用的。

第七十三条 向用人单位提供可能产生职业病危害的设备、材料，未按照规定提供中文说明书或者设置警示标识和中文警示说明的，由卫生行政部门责令限期改正，给予警告，并处五万元以上二十万元以下的罚款。

第七十四条 用人单位和医疗卫生机构未按照规定报告职业

病、疑似职业病的，由有关主管部门依据职责分工责令限期改正，给予警告，可以并处一万元以下的罚款；弄虚作假的，并处二万元以上五万元以下的罚款；对直接负责的主管人员和其他直接责任人员，可以依法给予降级或者撤职的处分。

第七十五条 违反本法规定，有下列情形之一的，由卫生行政部门责令限期治理，并处五万元以上三十万元以下的罚款；情节严重的，责令停止产生职业病危害的作业，或者提请有关人民政府按照国务院规定的权限责令关闭：

（一）隐瞒技术、工艺、设备、材料所产生的职业病危害而采用的；

（二）隐瞒本单位职业卫生真实情况的；

（三）可能发生急性职业损伤的有毒、有害工作场所、放射工作场所或者放射性同位素的运输、贮存不符合本法第二十五条规定的；

（四）使用国家明令禁止使用的可能产生职业病危害的设备或者材料的；

（五）将产生职业病危害的作业转移给没有职业病防护条件的单位和个人，或者没有职业病防护条件的单位和个人接受产生职业病危害的作业的；

（六）擅自拆除、停止使用职业病防护设备或者应急救援设施的；

（七）安排未经职业健康检查的劳动者、有职业禁忌的劳动者、未成年工或者孕期、哺乳期女职工从事接触职业病危害的作业或者禁忌作业的；

（八）违章指挥和强令劳动者进行没有职业病防护措施的作业的。

第七十六条 生产、经营或者进口国家明令禁止使用的可能产生职业病危害的设备或者材料的,依照有关法律、行政法规的规定给予处罚。

第七十七条 用人单位违反本法规定,已经对劳动者生命健康造成严重损害的,由卫生行政部门责令停止产生职业病危害的作业,或者提请有关人民政府按照国务院规定的权限责令关闭,并处十万元以上五十万元以下的罚款。

第七十八条 用人单位违反本法规定,造成重大职业病危害事故或者其他严重后果,构成犯罪的,对直接负责的主管人员和其他直接责任人员,依法追究刑事责任。

第七十九条 未取得职业卫生技术服务资质认可擅自从事职业卫生技术服务的,由卫生行政部门责令立即停止违法行为,没收违法所得;违法所得五千元以上的,并处违法所得二倍以上十倍以下的罚款;没有违法所得或者违法所得不足五千元的,并处五千元以上五万元以下的罚款;情节严重的,对直接负责的主管人员和其他直接责任人员,依法给予降级、撤职或者开除的处分。

第八十条 从事职业卫生技术服务的机构和承担职业病诊断的医疗卫生机构违反本法规定,有下列行为之一的,由卫生行政部门责令立即停止违法行为,给予警告,没收违法所得;违法所得五千元以上的,并处违法所得二倍以上五倍以下的罚款;没有违法所得或者违法所得不足五千元的,并处五千元以上二万元以下的罚款;情节严重的,由原认可或者登记机关取消其相应的资格;对直接负责的主管人员和其他直接责任人员,依法给予降级、撤职或者开除的处分;构成犯罪的,依法追究刑事责任:

(一)超出资质认可或者诊疗项目登记范围从事职业卫生技术服务或者职业病诊断的;

（二）不按照本法规定履行法定职责的；

（三）出具虚假证明文件的。

第八十一条 职业病诊断鉴定委员会组成人员收受职业病诊断争议当事人的财物或者其他好处的，给予警告，没收收受的财物，可以并处三千元以上五万元以下的罚款，取消其担任职业病诊断鉴定委员会组成人员的资格，并从省、自治区、直辖市人民政府卫生行政部门设立的专家库中予以除名。

第八十二条 卫生行政部门不按照规定报告职业病和职业病危害事故的，由上一级行政部门责令改正，通报批评，给予警告；虚报、瞒报的，对单位负责人、直接负责的主管人员和其他直接责任人员依法给予降级、撤职或者开除的处分。

第八十三条 县级以上地方人民政府在职业病防治工作中未依照本法履行职责，本行政区域出现重大职业病危害事故、造成严重社会影响的，依法对直接负责的主管人员和其他直接责任人员给予记大过直至开除的处分。

县级以上人民政府职业卫生监督管理部门不履行本法规定的职责，滥用职权、玩忽职守、徇私舞弊，依法对直接负责的主管人员和其他直接责任人员给予记大过或者降级的处分；造成职业病危害事故或者其他严重后果的，依法给予撤职或者开除的处分。

第八十四条 违反本法规定，构成犯罪的，依法追究刑事责任。

第七章 附 则

第八十五条 本法下列用语的含义：

职业病危害，是指对从事职业活动的劳动者可能导致职业病的各种危害。职业病危害因素包括：职业活动中存在的各种有害的化学、物理、生物因素以及在作业过程中产生的其他职业有害因素。

职业禁忌，是指劳动者从事特定职业或者接触特定职业病危害因素时，比一般职业人群更易于遭受职业病危害和罹患职业病或者可能导致原有自身疾病病情加重，或者在从事作业过程中诱发可能导致对他人生命健康构成危险的疾病的个人特殊生理或者病理状态。

第八十六条 本法第二条规定的用人单位以外的单位，产生职业病危害的，其职业病防治活动可以参照本法执行。

劳务派遣用工单位应当履行本法规定的用人单位的义务。

中国人民解放军参照执行本法的办法，由国务院、中央军事委员会制定。

第八十七条 对医疗机构放射性职业病危害控制的监督管理，由卫生行政部门依照本法的规定实施。

第八十八条 本法自2002年5月1日起施行。

15. 职业病诊断与鉴定管理办法

（2020年12月4日公布　自公布之日起施行）

第一章 总　　则

第一条 为了规范职业病诊断与鉴定工作，加强职业病诊断与鉴定管理，根据《中华人民共和国职业病防治法》（以下简称《职业病防治法》），制定本办法。

第二条 职业病诊断与鉴定工作应当按照《职业病防治法》、本办法的有关规定及《职业病分类和目录》、国家职业病诊断标准进行，遵循科学、公正、及时、便捷的原则。

第三条 国家卫生健康委负责全国范围内职业病诊断与鉴定的监督管理工作，县级以上地方卫生健康主管部门依据职责负责本行政区域内职业病诊断与鉴定的监督管理工作。

省、自治区、直辖市卫生健康主管部门(以下简称省级卫生健康主管部门)应当结合本行政区域职业病防治工作实际和医疗卫生服务体系规划，充分利用现有医疗卫生资源，实现职业病诊断机构区域覆盖。

第四条 各地要加强职业病诊断机构能力建设，提供必要的保障条件，配备相关的人员、设备和工作经费，以满足职业病诊断工作的需要。

第五条 各地要加强职业病诊断与鉴定信息化建设，建立健全劳动者接触职业病危害、开展职业健康检查、进行职业病诊断与鉴定等全过程的信息化系统，不断提高职业病诊断与鉴定信息报告的准确性、及时性和有效性。

第六条 用人单位应当依法履行职业病诊断、鉴定的相关义务：

(一)及时安排职业病病人、疑似职业病病人进行诊治；

(二)如实提供职业病诊断、鉴定所需的资料；

(三)承担职业病诊断、鉴定的费用和疑似职业病病人在诊断、医学观察期间的费用；

(四)报告职业病和疑似职业病；

(五)《职业病防治法》规定的其他相关义务。

第二章 诊断机构

第七条 医疗卫生机构开展职业病诊断工作，应当在开展之日起十五个工作日内向省级卫生健康主管部门备案。

省级卫生健康主管部门应当自收到完整备案材料之日起十五个工作日内向社会公布备案的医疗卫生机构名单、地址、诊断项目（即《职业病分类和目录》中的职业病类别和病种）等相关信息。

第八条　医疗卫生机构开展职业病诊断工作应当具备下列条件：

（一）持有《医疗机构执业许可证》；

（二）具有相应的诊疗科目及与备案开展的诊断项目相适应的职业病诊断医师及相关医疗卫生技术人员；

（三）具有与备案开展的诊断项目相适应的场所和仪器、设备；

（四）具有健全的职业病诊断质量管理制度。

第九条　医疗卫生机构进行职业病诊断备案时，应当提交以下证明其符合本办法第八条规定条件的有关资料：

（一）《医疗机构执业许可证》原件、副本及复印件；

（二）职业病诊断医师资格等相关资料；

（三）相关的仪器设备清单；

（四）负责职业病信息报告人员名单；

（五）职业病诊断质量管理制度等相关资料。

第十条　职业病诊断机构对备案信息的真实性、准确性、合法性负责。

当备案信息发生变化时，应当自信息发生变化之日起十个工作日内向省级卫生健康主管部门提交变更信息。

第十一条　设区的市没有医疗卫生机构备案开展职业病诊断的，省级卫生健康主管部门应当根据职业病诊断工作的需要，指定符合本办法第八条规定条件的医疗卫生机构承担职业病诊断工作。

第十二条 职业病诊断机构的职责是：

（一）在备案的诊断项目范围内开展职业病诊断；

（二）及时向所在地卫生健康主管部门报告职业病；

（三）按照卫生健康主管部门要求报告职业病诊断工作情况；

（四）承担《职业病防治法》中规定的其他职责。

第十三条 职业病诊断机构依法独立行使诊断权，并对其作出的职业病诊断结论负责。

第十四条 职业病诊断机构应当建立和健全职业病诊断管理制度，加强职业病诊断医师等有关医疗卫生人员技术培训和政策、法律培训，并采取措施改善职业病诊断工作条件，提高职业病诊断服务质量和水平。

第十五条 职业病诊断机构应当公开职业病诊断程序和诊断项目范围，方便劳动者进行职业病诊断。

职业病诊断机构及其相关工作人员应当尊重、关心、爱护劳动者，保护劳动者的隐私。

第十六条 从事职业病诊断的医师应当具备下列条件，并取得省级卫生健康主管部门颁发的职业病诊断资格证书：

（一）具有医师执业证书；

（二）具有中级以上卫生专业技术职务任职资格；

（三）熟悉职业病防治法律法规和职业病诊断标准；

（四）从事职业病诊断、鉴定相关工作三年以上；

（五）按规定参加职业病诊断医师相应专业的培训，并考核合格。

省级卫生健康主管部门应当依据本办法的规定和国家卫生健康委制定的职业病诊断医师培训大纲，制定本行政区域职业病诊断医师培训考核办法并组织实施。

第十七条 职业病诊断医师应当依法在职业病诊断机构备案的诊断项目范围内从事职业病诊断工作，不得从事超出其职业病诊断资格范围的职业病诊断工作；职业病诊断医师应当按照有关规定参加职业卫生、放射卫生、职业医学等领域的继续医学教育。

第十八条 省级卫生健康主管部门应当加强本行政区域内职业病诊断机构的质量控制管理工作，组织开展职业病诊断机构质量控制评估。

职业病诊断质量控制规范和医疗卫生机构职业病报告规范另行制定。

第三章 诊 断

第十九条 劳动者可以在用人单位所在地、本人户籍所在地或者经常居住地的职业病诊断机构进行职业病诊断。

第二十条 职业病诊断应当按照《职业病防治法》、本办法的有关规定及《职业病分类和目录》、国家职业病诊断标准，依据劳动者的职业史、职业病危害接触史和工作场所职业病危害因素情况、临床表现以及辅助检查结果等，进行综合分析。材料齐全的情况下，职业病诊断机构应当在收齐材料之日起三十日内作出诊断结论。

没有证据否定职业病危害因素与病人临床表现之间的必然联系的，应当诊断为职业病。

第二十一条 职业病诊断需要以下资料：

（一）劳动者职业史和职业病危害接触史（包括在岗时间、工种、岗位、接触的职业病危害因素名称等）；

（二）劳动者职业健康检查结果；

（三）工作场所职业病危害因素检测结果；

(四)职业性放射性疾病诊断还需要个人剂量监测档案等资料。

第二十二条 劳动者依法要求进行职业病诊断的,职业病诊断机构不得拒绝劳动者进行职业病诊断的要求,并告知劳动者职业病诊断的程序和所需材料。劳动者应当填写《职业病诊断就诊登记表》,并提供本人掌握的职业病诊断有关资料。

第二十三条 职业病诊断机构进行职业病诊断时,应当书面通知劳动者所在的用人单位提供本办法第二十一条规定的职业病诊断资料,用人单位应当在接到通知后的十日内如实提供。

第二十四条 用人单位未在规定时间内提供职业病诊断所需要资料的,职业病诊断机构可以依法提请卫生健康主管部门督促用人单位提供。

第二十五条 劳动者对用人单位提供的工作场所职业病危害因素检测结果等资料有异议,或者因劳动者的用人单位解散、破产,无用人单位提供上述资料的,职业病诊断机构应当依法提请用人单位所在地卫生健康主管部门进行调查。

卫生健康主管部门应当自接到申请之日起三十日内对存在异议的资料或者工作场所职业病危害因素情况作出判定。

职业病诊断机构在卫生健康主管部门作出调查结论或者判定前应当中止职业病诊断。

第二十六条 职业病诊断机构需要了解工作场所职业病危害因素情况时,可以对工作场所进行现场调查,也可以依法提请卫生健康主管部门组织现场调查。卫生健康主管部门应当在接到申请之日起三十日内完成现场调查。

第二十七条 在确认劳动者职业史、职业病危害接触史时,当事人对劳动关系、工种、工作岗位或者在岗时间有争议的，职业病诊断机构应当告知当事人依法向用人单位所在地的劳动人事争议仲裁委员会申请仲裁。

第二十八条　经卫生健康主管部门督促，用人单位仍不提供工作场所职业病危害因素检测结果、职业健康监护档案等资料或者提供资料不全的，职业病诊断机构应当结合劳动者的临床表现、辅助检查结果和劳动者的职业史、职业病危害接触史，并参考劳动者自述或工友旁证资料、卫生健康等有关部门提供的日常监督检查信息等，作出职业病诊断结论。对于作出无职业病诊断结论的病人，可依据病人的临床表现以及辅助检查结果，作出疾病的诊断，提出相关医学意见或者建议。

第二十九条　职业病诊断机构可以根据诊断需要，聘请其他单位职业病诊断医师参加诊断。必要时，可以邀请相关专业专家提供咨询意见。

第三十条　职业病诊断机构作出职业病诊断结论后，应当出具职业病诊断证明书。职业病诊断证明书应当由参与诊断的取得职业病诊断资格的执业医师签署。

职业病诊断机构应当对职业病诊断医师签署的职业病诊断证明书进行审核，确认诊断的依据与结论符合有关法律法规、标准的要求，并在职业病诊断证明书上盖章。

职业病诊断证明书的书写应当符合相关标准的要求。

职业病诊断证明书一式五份，劳动者一份，用人单位所在地县级卫生健康主管部门一份，用人单位两份，诊断机构存档一份。

职业病诊断证明书应当于出具之日起十五日内由职业病诊断机构送达劳动者、用人单位及用人单位所在地县级卫生健康主管部门。

第三十一条 职业病诊断机构应当建立职业病诊断档案并永久保存,档案应当包括:

(一)职业病诊断证明书;

(二)职业病诊断记录;

(三)用人单位、劳动者和相关部门、机构提交的有关资料;

(四)临床检查与实验室检验等资料。

职业病诊断机构拟不再开展职业病诊断工作的,应当在拟停止开展职业病诊断工作的十五个工作日之前告知省级卫生健康主管部门和所在地县级卫生健康主管部门,妥善处理职业病诊断档案。

第三十二条 职业病诊断机构发现职业病病人或者疑似职业病病人时,应当及时向所在地县级卫生健康主管部门报告。职业病诊断机构应当在作出职业病诊断之日起十五日内通过职业病及健康危害因素监测信息系统进行信息报告,并确保报告信息的完整、真实和准确。

确诊为职业病的,职业病诊断机构可以根据需要,向卫生健康主管部门、用人单位提出专业建议;告知职业病病人依法享有的职业健康权益。

第三十三条 未承担职业病诊断工作的医疗卫生机构,在诊疗活动中发现劳动者的健康损害可能与其所从事的职业有关时,应及时告知劳动者到职业病诊断机构进行职业病诊断。

第四章 鉴 定

第三十四条 当事人对职业病诊断机构作出的职业病诊断有异议的,可以在接到职业病诊断证明书之日起三十日内,向作出诊断的职业病诊断机构所在地设区的市级卫生健康主管部门申请鉴定。

职业病诊断争议由设区的市级以上地方卫生健康主管部门根据当事人的申请组织职业病诊断鉴定委员会进行鉴定。

第三十五条　职业病鉴定实行两级鉴定制，设区的市级职业病诊断鉴定委员会负责职业病诊断争议的首次鉴定。

当事人对设区的市级职业病鉴定结论不服的，可以在接到诊断鉴定书之日起十五日内，向原鉴定组织所在地省级卫生健康主管部门申请再鉴定，省级鉴定为最终鉴定。

第三十六条　设区的市级以上地方卫生健康主管部门可以指定办事机构，具体承担职业病诊断鉴定的组织和日常性工作。职业病鉴定办事机构的职责是：

（一）接受当事人申请；

（二）组织当事人或者接受当事人委托抽取职业病诊断鉴定专家；

（三）组织职业病诊断鉴定会议，负责会议记录、职业病诊断鉴定相关文书的收发及其他事务性工作；

（四）建立并管理职业病诊断鉴定档案；

（五）报告职业病诊断鉴定相关信息；

（六）承担卫生健康主管部门委托的有关职业病诊断鉴定的工作。

职业病诊断机构不能作为职业病鉴定办事机构。

第三十七条　设区的市级以上地方卫生健康主管部门应当向社会公布本行政区域内依法承担职业病诊断鉴定工作的办事机构的名称、工作时间、地点、联系人、联系电话和鉴定工作程序。

第三十八条 省级卫生健康主管部门应当设立职业病诊断鉴定专家库(以下简称专家库),并根据实际工作需要及时调整其成员。专家库可以按照专业类别进行分组。

第三十九条 专家库应当以取得职业病诊断资格的不同专业类别的医师为主要成员,吸收临床相关学科、职业卫生、放射卫生、法律等相关专业的专家组成。专家应当具备下列条件:

(一)具有良好的业务素质和职业道德;

(二)具有相关专业的高级专业技术职务任职资格;

(三)熟悉职业病防治法律法规和职业病诊断标准;

(四)身体健康,能够胜任职业病诊断鉴定工作。

第四十条 参加职业病诊断鉴定的专家,应当由当事人或者由其委托的职业病鉴定办事机构从专家库中按照专业类别以随机抽取的方式确定。抽取的专家组成职业病诊断鉴定委员会(以下简称鉴定委员会)。

经当事人同意,职业病鉴定办事机构可以根据鉴定需要聘请本省、自治区、直辖市以外的相关专业专家作为鉴定委员会成员,并有表决权。

第四十一条 鉴定委员会人数为五人以上单数,其中相关专业职业病诊断医师应当为本次鉴定专家人数的半数以上。疑难病例应当增加鉴定委员会人数,充分听取意见。鉴定委员会设主任委员一名,由鉴定委员会成员推举产生。

职业病诊断鉴定会议由鉴定委员会主任委员主持。

第四十二条 参加职业病诊断鉴定的专家有下列情形之一的,应当回避:

(一)是职业病诊断鉴定当事人或者当事人近亲属的;

（二）已参加当事人职业病诊断或者首次鉴定的；

（三）与职业病诊断鉴定当事人有利害关系的；

（四）与职业病诊断鉴定当事人有其他关系，可能影响鉴定公正的。

第四十三条　当事人申请职业病诊断鉴定时，应当提供以下资料：

（一）职业病诊断鉴定申请书；

（二）职业病诊断证明书；

（三）申请省级鉴定的还应当提交市级职业病诊断鉴定书。

第四十四条　职业病鉴定办事机构应当自收到申请资料之日起五个工作日内完成资料审核，对资料齐全的发给受理通知书；资料不全的，应当当场或者在五个工作日内一次性告知当事人补充。资料补充齐全的，应当受理申请并组织鉴定。

职业病鉴定办事机构收到当事人鉴定申请之后，根据需要可以向原职业病诊断机构或者组织首次鉴定的办事机构调阅有关的诊断、鉴定资料。原职业病诊断机构或者组织首次鉴定的办事机构应当在接到通知之日起十日内提交。

职业病鉴定办事机构应当在受理鉴定申请之日起四十日内组织鉴定、形成鉴定结论，并出具职业病诊断鉴定书。

第四十五条　根据职业病诊断鉴定工作需要，职业病鉴定办事机构可以向有关单位调取与职业病诊断、鉴定有关的资料，有关单位应当如实、及时提供。

鉴定委员会应当听取当事人的陈述和申辩，必要时可以组织进行医学检查，医学检查应当在三十日内完成。

需要了解被鉴定人的工作场所职业病危害因素情况时，职业病鉴定办事机构根据鉴定委员会的意见可以组织对工作场所进行现场调查，或者依法提请卫生健康主管部门组织现场调查。现场调查应当在三十日内完成。

医学检查和现场调查时间不计算在职业病鉴定规定的期限内。

职业病诊断鉴定应当遵循客观、公正的原则，鉴定委员会进行职业病诊断鉴定时，可以邀请有关单位人员旁听职业病诊断鉴定会议。所有参与职业病诊断鉴定的人员应当依法保护当事人的个人隐私、商业秘密。

第四十六条 鉴定委员会应当认真审阅鉴定资料，依照有关规定和职业病诊断标准，经充分合议后，根据专业知识独立进行鉴定。在事实清楚的基础上，进行综合分析，作出鉴定结论，并制作职业病诊断鉴定书。

鉴定结论应当经鉴定委员会半数以上成员通过。

第四十七条 职业病诊断鉴定书应当包括以下内容：

（一）劳动者、用人单位的基本信息及鉴定事由；

（二）鉴定结论及其依据，鉴定为职业病的，应当注明职业病名称、程度（期别）；

（三）鉴定时间。

诊断鉴定书加盖职业病鉴定委员会印章。

首次鉴定的职业病诊断鉴定书一式五份，劳动者、用人单位、用人单位所在地市级卫生健康主管部门、原诊断机构各一份，职业病鉴定办事机构存档一份；省级鉴定的职业病诊断鉴定书一式六份，劳动者、用人单位、用人单位所在地省级卫生健康主管部门、原诊断机构、首次职业病鉴定办事机构各一份，省级职业病鉴定办事机构存档一份。

职业病诊断鉴定书的格式由国家卫生健康委员会统一规定。

第四十八条 职业病鉴定办事机构出具职业病诊断鉴定书后，应当于出具之日起十日内送达当事人，并在出具职业病诊断鉴定书后的十日内将职业病诊断鉴定书等有关信息告知原职业病诊断机构或者首次职业病鉴定办事机构，并通过职业病及健康危害因素监测信息系统报告职业病鉴定相关信息。

第四十九条 职业病鉴定结论与职业病诊断结论或者首次职业病鉴定结论不一致的，职业病鉴定办事机构应当在出具职业病诊断鉴定书后十日内向相关卫生健康主管部门报告。

第五十条 职业病鉴定办事机构应当如实记录职业病诊断鉴定过程，内容应当包括：

（一）鉴定委员会的专家组成；

（二）鉴定时间；

（三）鉴定所用资料；

（四）鉴定专家的发言及其鉴定意见；

（五）表决情况；

（六）经鉴定专家签字的鉴定结论。

有当事人陈述和申辩的，应当如实记录。

鉴定结束后，鉴定记录应当随同职业病诊断鉴定书一并由职业病鉴定办事机构存档，永久保存。

第五章 监督管理

第五十一条 县级以上地方卫生健康主管部门应当定期对职业病诊断机构进行监督检查，检查内容包括：

（一）法律法规、标准的执行情况；

（二）规章制度建立情况；

（三）备案的职业病诊断信息真实性情况；

（四）按照备案的诊断项目开展职业病诊断工作情况；

（五）开展职业病诊断质量控制、参加质量控制评估及整改情况；

（六）人员、岗位职责落实和培训情况；

（七）职业病报告情况。

第五十二条 设区的市级以上地方卫生健康主管部门应当加强对职业病鉴定办事机构的监督管理，对职业病鉴定工作程序、制度落实情况及职业病报告等相关工作情况进行监督检查。

第五十三条 县级以上地方卫生健康主管部门监督检查时，有权查阅或者复制有关资料，职业病诊断机构应当予以配合。

第六章 法律责任

第五十四条 医疗卫生机构未按照规定备案开展职业病诊断的，由县级以上地方卫生健康主管部门责令改正，给予警告，可以并处三万元以下罚款。

第五十五条 职业病诊断机构有下列行为之一的，其作出的职业病诊断无效，由县级以上地方卫生健康主管部门按照《职业病防治法》的第八十条的规定进行处理：

（一）超出诊疗项目登记范围从事职业病诊断的；

（二）不按照《职业病防治法》规定履行法定职责的；

（三）出具虚假证明文件的。

第五十六条 职业病诊断机构未按照规定报告职业病、疑似职业病的，由县级以上地方卫生健康主管部门按照《职业病防治法》第七十四条的规定进行处理。

第五十七条 职业病诊断机构违反本办法规定，有下列情形之一的，由县级以上地方卫生健康主管部门责令限期改正；逾期不改的，给予警告，并可以根据情节轻重处以三万元以下罚款：

（一）未建立职业病诊断管理制度的；

（二）未按照规定向劳动者公开职业病诊断程序的；

（三）泄露劳动者涉及个人隐私的有关信息、资料的；

（四）未按照规定参加质量控制评估，或者质量控制评估不合格且未按要求整改的；

（五）拒不配合卫生健康主管部门监督检查的。

第五十八条 职业病诊断鉴定委员会组成人员收受职业病诊断争议当事人的财物或者其他好处的，由省级卫生健康主管部门按照《职业病防治法》第八十一条的规定进行处理。

第五十九条 县级以上地方卫生健康主管部门及其工作人员未依法履行职责，按照《职业病防治法》第八十三条第二款规定进行处理。

第六十条 用人单位有下列行为之一的，由县级以上地方卫生健康主管部门按照《职业病防治法》第七十二条规定进行处理：

（一）未按照规定安排职业病病人、疑似职业病病人进行诊治的；

（二）拒不提供职业病诊断、鉴定所需资料的；

（三）未按照规定承担职业病诊断、鉴定费用。

第六十一条 用人单位未按照规定报告职业病、疑似职业病的，由县级以上地方卫生健康主管部门按照《职业病防治法》第七十四条规定进行处理。

第七章 附 则

第六十二条 本办法所称“证据”，包括疾病的证据、接触职业病危害因素的证据，以及用于判定疾病与接触职业病危害因素之间因果关系的证据。

第六十三条 本办法自公布之日起施行。原卫生部2013年2月19日公布的《职业病诊断与鉴定管理办法》同时废止。

16. 国家卫生和计划生育委员会、人力资源和社会保障部、国家安全生产监督管理总局、中华全国总工会关于印发《职业病分类和目录》的通知

(2013年12月23日 国卫疾控发〔2013〕48号)

各省、自治区、直辖市卫生计生委(卫生厅局)、安全生产监督管理局、人力资源社会保障厅(局)、总工会,新疆生产建设兵团卫生局、安全生产监督管理局、人力资源社会保障局、工会,中国疾病预防控制中心:

根据《中华人民共和国职业病防治法》有关规定,国家卫生计生委、安全监管总局、人力资源社会保障部和全国总工会联合组织对职业病的分类和目录进行了调整。现将《职业病分类和目录》印发给你们,从即日起施行。2002年4月18日原卫生部和原劳动保障部联合印发的《职业病目录》同时废止。

国家卫生计生委

人力资源社会保障部

安全监管总局

全国总工会

2013年12月23日

职业病分类和目录

一、职业性尘肺病及其他呼吸系统疾病

（一）尘肺病

1. 矽肺

2. 煤工尘肺

3. 石墨尘肺

4. 碳黑尘肺

5. 石棉肺

6. 滑石尘肺

7. 水泥尘肺

8. 云母尘肺

9. 陶工尘肺

10. 铝尘肺

11. 电焊工尘肺

12. 铸工尘肺

13. 根据《尘肺病诊断标准》和《尘肺病理诊断标准》可以诊断的其他尘肺病

（二）其他呼吸系统疾病

1. 过敏性肺炎

2. 棉尘病

3. 哮喘

4. 金属及其化合物粉尘肺沉着病（锡、铁、锑、钡及其化合物等）

5. 刺激性化学物所致慢性阻塞性肺疾病

6. 硬金属肺病

二、职业性皮肤病

1. 接触性皮炎

2. 光接触性皮炎

3. 电光性皮炎

4. 黑变病

5. 痤疮

6. 溃疡

7. 化学性皮肤灼伤

8. 白斑

9. 根据《职业性皮肤病的诊断总则》可以诊断的其他职业性皮肤病

三、职业性眼病

1. 化学性眼部灼伤

2. 电光性眼炎

3. 白内障（含放射性白内障、三硝基甲苯白内障）

四、职业性耳鼻喉口腔疾病

1. 噪声聋

2. 铬鼻病

3. 牙酸蚀病

4. 爆震聋

五、职业性化学中毒

1. 铅及其化合物中毒（不包括四乙基铅）

2. 汞及其化合物中毒

3. 锰及其化合物中毒

4. 镉及其化合物中毒

5. 铍病
6. 铊及其化合物中毒
7. 钡及其化合物中毒
8. 钒及其化合物中毒
9. 磷及其化合物中毒
10. 砷及其化合物中毒
11. 铀及其化合物中毒
12. 砷化氢中毒
13. 氯气中毒
14. 二氧化硫中毒
15. 光气中毒
16. 氨中毒
17. 偏二甲基肼中毒
18. 氮氧化合物中毒
19. 一氧化碳中毒
20. 二硫化碳中毒
21. 硫化氢中毒
22. 磷化氢、磷化锌、磷化铝中毒
23. 氟及其无机化合物中毒
24. 氰及腈类化合物中毒
25. 四乙基铅中毒
26. 有机锡中毒
27. 羰基镍中毒
28. 苯中毒
29. 甲苯中毒

30. 二甲苯中毒
31. 正己烷中毒
32. 汽油中毒
33. 一甲胺中毒
34. 有机氟聚合物单体及其热裂解物中毒
35. 二氯乙烷中毒
36. 四氯化碳中毒
37. 氯乙烯中毒
38. 三氯乙烯中毒
39. 氯丙烯中毒
40. 氯丁二烯中毒
41. 苯的氨基及硝基化合物（不包括三硝基甲苯）中毒
42. 三硝基甲苯中毒
43. 甲醇中毒
44. 酚中毒
45. 五氯酚（钠）中毒
46. 甲醛中毒
47. 硫酸二甲酯中毒
48. 丙烯酰胺中毒
49. 二甲基甲酰胺中毒
50. 有机磷中毒
51. 氨基甲酸酯类中毒
52. 杀虫脒中毒
53. 溴甲烷中毒
54. 拟除虫菊酯类中毒

55. 铟及其化合物中毒

56. 溴丙烷中毒

57. 碘甲烷中毒

58. 氯乙酸中毒

59. 环氧乙烷中毒

60. 上述条目未提及的与职业有害因素接触之间存在直接因果联系的其他化学中毒

六、物理因素所致职业病

1. 中暑

2. 减压病

3. 高原病

4. 航空病

5. 手臂振动病

6. 激光所致眼(角膜、晶状体、视网膜)损伤

7. 冻伤

七、职业性放射性疾病

1. 外照射急性放射病

2. 外照射亚急性放射病

3. 外照射慢性放射病

4. 内照射放射病

5. 放射性皮肤疾病

6. 放射性肿瘤(含矿工高氡暴露所致肺癌)

7. 放射性骨损伤

8. 放射性甲状腺疾病

9. 放射性性腺疾病

10. 放射复合伤

11. 根据《职业性放射性疾病诊断标准(总则)》可以诊断的其他放射性损伤

八、职业性传染病

1. 炭疽

2. 森林脑炎

3. 布鲁氏菌病

4. 艾滋病(限于医疗卫生人员及人民警察)

5. 莱姆病

九、职业性肿瘤

1. 石棉所致肺癌、间皮瘤

2. 联苯胺所致膀胱癌

3. 苯所致白血病

4. 氯甲醚、双氯甲醚所致肺癌

5. 砷及其化合物所致肺癌、皮肤癌

6. 氯乙烯所致肝血管肉瘤

7. 焦炉逸散物所致肺癌

8. 六价铬化合物所致肺癌

9. 毛沸石所致肺癌、胸膜间皮瘤

10. 煤焦油、煤焦油沥青、石油沥青所致皮肤癌

11. β-萘胺所致膀胱癌

十、其他职业病

1. 金属烟热

2. 滑囊炎(限于井下工人)

3. 股静脉血栓综合征、股动脉闭塞症或淋巴管闭塞症(限于刮

研作业人员）

17. 最高人民法院行政审判庭关于职工因公外出期间死因不明应否认定工伤的答复

（〔2010〕行他字第236号）

山东省高级人民法院：

你院《关于于保柱诉临清市劳动和社会保障局劳动保障行政确认一案如何适用〈工伤保险条例〉第十四条第（五）项的请示》收悉。经研究，答复如下：

原则同意你院的第一种意见。即职工因公外出期间死因不明，用人单位或者社会保障部门提供的证据不能排除非工作原因导致死亡的，应当依据《工伤保险条例》第十四条第（五）项和第十九条第二款的规定，认定为工伤。

此复。

二〇一一年七月六日

18. 最高人民法院关于因第三人侵权而死亡者亲属在获得民事赔偿后是否还可以获得工伤保险补偿的答复

（〔2017〕最高法行他100号）

吉林省高级人民法院：

你院《关于因第三人侵权而死亡者亲属在获得高于工伤保险待遇的民事赔偿后是否还可以获得工伤保险补偿，以及具体能够获得哪些项目的补偿问题的请示》收悉。经研究，答复如下：

因第三人侵权死亡且属于工伤情形的，死者亲属在获得民事赔偿后，仍可以根据《工伤保险条例》《关于审理工伤保险行政案件若干问题的规定》等规定主张工伤保险待遇。民事赔偿已经支付医疗费用的,不得主张工伤医疗费用。

此复。

最高人民法院

二〇一九年七月九日

19. 最高人民法院行政审判庭关于超过法定退休年龄的进城务工农民因工伤亡的,应否适用《工伤保险条例》请示的答复

(〔2010〕行他字第 10 号)

山东省高级人民法院:

你院报送的《关于超过法定退休年龄的进城务工农民工作时间内受伤是否适用〈工伤保险条例〉的请示》收悉。经研究,原则同意你院的倾向性意见。即:用人单位聘用的超过法定退休年龄的务工农民,在工作时间内、因工作原因伤亡的,应当适用《工伤保险条例》的有关规定进行工伤认定。

此复。

二〇一〇年三月十七日

20. 最高人民法院行政审判庭关于劳动行政部门在工伤认定程序中是否具有劳动关系确认权请示的答复

(〔2009〕行他字第 12 号)

湖北省高级人民法院:

你院《关于劳动行政部门在工伤认定程序中是否具有劳动关系确认权的请示》收悉。经研究,答复如下:

根据《劳动法》第九条和《工伤保险条例》第五条、第十八条的规定，劳动行政部门在工伤认定程序中，具有认定受到伤害的职工与企业之间是否存在劳动关系的职权。

此复。

二〇〇九年七月二十日

21. 最高人民法院关于非固定居所到工作场所之间的路线是否属于“上下班途中”的答复

（〔2008〕行他字第2号）

山东省高级人民法院：

你院《关于翟恒芝邹依兰诉肥城市劳动和社会保障局工伤行政确认一案的请示》收悉。经研究认为：如邹平确系下班直接回其在济南的住所途中受到机动车事故伤害，应当适用《工伤保险条例》第十四条第（六）项的规定。

此复。

二〇〇八年八月二十二日

22. 最高人民法院行政审判庭关于职工外出学习休息期间受到他人伤害应否认定为工伤问题的答复

（〔2007〕行他字第9号）

辽宁省高级人民法院：

你院（2007）辽行他字第1号《关于职工外出学习休息期间受到他人伤害应否认定为工伤的请示》收悉。经研究，答复如下：

原则同意你院审判委员会倾向性意见，即职工受单位指派外出学习期间，在学习单位安排的休息场所休息时受到他人伤害的，应当认定为工伤。

此复。

二〇〇七年九月七日

23. 最高人民法院行政审判庭关于离退休人员与现工作单位之间是否构成劳动关系以及工作时间内受伤是否适用《工伤保险条例》问题的答复

（〔2007〕行他字第6号）

重庆市高级人民法院：

你院（2006）渝高法行示字第14号《关于离退休人员与现在工作单位之间是否构成劳动关系以及工作时间内受伤是否适用〈工伤保险条例〉一案的请示》收悉。经研究，原则同意你院第二种意见，即：根据《工伤保险条例》第二条、第六十一条等有关规定，离退休人员受聘于现工作单位，现工作单位已经为其缴纳了工伤保险费，其在受聘期间因工作受到事故伤害的，应当适用《工伤保险条例》的有关规定处理。

此复。

二〇〇七年七月五日

24. 国务院法制办公室对《关于职工参加单位组织的体育活动受到伤害能否认定为工伤的请示》的复函

（国法秘函〔2005〕311号）

对辽宁省人民政府法制办公室的答复：

作为单位的工作安排，职工参加体育训练活动而受到伤害的，应当依照《工伤保险条例》第十四条第（一）项中关于“因工作原因受到事故伤害的”的规定，认定为工伤。

二〇〇五年八月十七日

25. 劳动和社会保障部办公厅关于职工在工作中遭受他人蓄意伤害是否认定工伤的复函

（劳社厅函〔2000〕4号）

广东省劳动厅：

你厅《关于职工在工作中遭受他人蓄意伤害是否进行工伤认定的请示》（粤劳安〔1999〕346号）收悉。经研究，现答复如下：

关于职工在工作中遭受他人蓄意伤害是否认定工伤的问题，应该根据具体情况确定。按照《企业职工工伤保险试行办法》（劳部发〔1996〕266号）规定，因履行职责遭致人身伤害的，应当认定工伤。对于暂时缺乏证据，无法判定其受伤害原因是因公还是因私的，可先按照疾病和非因工负伤、死亡待遇处理。待伤害原因确定后，再按有关规定进行工伤认定。其中认定为工伤的，其工伤待遇享受期限从受伤害之日起计算。已享受的疾病和非因工负伤、死亡待遇，应从工伤保险待遇中扣除。

二〇〇〇年一月十三日